Michael Römer

ROMANUS-Mondbuch
„Mondwissen auf einen Blick“

ROMANUS®

Bibliografische Information der Deutschen Nationalbibliothek

Die Deutsche Nationalbibliothek verzeichnet diese Publikation in der Deutschen Nationalbibliografie; detaillierte bibliografische Daten sind im Internet über http://dnb.d-nb.de abrufbar.

www.romanus-verlag.de · info@romanus-verlag.de

Wichtige Hinweise des Autors: Dieses Buch soll ausschließlich zur Information dienen. Die Angaben beziehen sich auf einschlägige Fachliteratur und vielfache persönliche Erfahrung. Sie dienen als Allgemeininformation und verstehen sich nicht als Therapievorschlag oder Anweisung. Sie sind nicht bestimmt zu Diagnosezwecken oder als Empfehlung oder Garantie im Hinblick auf Krankheiten, welche dies auch immer sein mögen, oder dass sie aufgrund der vorgelegten Information als Ergebnisbeweise benutzt werden. Beachten Sie die Nahrungsvorschriften und verschieben Sie eine medizinische Beachtung Ihrer Probleme nicht auf einen späteren Zeitpunkt, wenn es Gründe dafür gibt, fachkundige Hilfe in Anspruch zu nehmen. Konsultieren Sie eine therapeutisch anerkannte Person, bevor Sie sich nach den Informationen dieses Buches richten. Eine Haftung des Autors oder Verlags für Personen- und Sachschäden aller Art ist ausgeschlossen.

Umschlaggestaltung:
WoW – World of Wonders Art, Oliver Halder & Björn Aicher, D-70734 Fellbach
Illustrationen: WoW - World of Wonders Art, Michael Römer
Lektorat: Daniel Römer
Gesamtherstellung: Jepro Jenne, 71336 Waiblingen
Printed in Germany

ISBN 978-3-942520-02-7

Michael Römer

ROMANUS Mondbuch
„Mondwissen auf einen Blick“

ROMANUS®

Inhalt

Teil 2

Vorwort

Alles Leben auf der Erde ist Bestandteil der Natur und unterliegt ihren Gesetzen. Es verläuft im Rhythmus der Jahreszeiten, des Mondes, in Abhängigkeit von örtlichen Gegebenheiten und grundlegenden Prinzipien.

Zahlreiche technische Errungenschaften ermöglichen es dem Menschen, sich ein Stück weit von diesen Naturkonstanten abzukoppeln. Ob mit dem Schein einer Kerze oder dem Licht einer Leuchtstoffröhre – der Tag- und Nachtrhythmus ist für uns überwindbar geworden. Große und aufwendige Bauwerke wie Deiche ermöglichen es uns, dem Meer viel fruchtbares Land abzutrotzen: Denken Sie an die Niederlande.

Alle diese Errungenschaften sind mit Aufwand und Kosten verbunden: Ob es nun die Herstellung einer Kerze, der Kauf einer Leuchtstoffröhre oder das Anlegen eines Deiches mit hunderten und tausenden von Arbeitskräften ist: Alles dies ist der Preis dafür, dass wir uns von der Natur ein Stück weit unabhängig machen.

Wie weit sollten wir unseren Lebensraum von der Natur abkoppeln? Und wo ist es besser, ihrem Rhythmus zu folgen? Bezogen auf sein eigenes Leben muss sich jeder diese Frage selbst stellen und seine eigene Antwort darauf finden.

Der Mensch ist sehr widerstandsfähig und kann ungesunde Lebensweisen sehr lange ertragen. Aber schließlich kostet es uns doch irgendwann viel Geld, die Folgen einer solchen Lebensweise wieder in den Griff zu bekommen. Ein bekannter

Spruch meint zutreffend: »In der Jugend wird die Gesundheit eingesetzt, um viel Geld zu erlangen, das man im Alter benötigt, um wieder gesund zu werden.«

Die Gegebenheiten und den Rhythmus der Natur zu beachten und zu nutzen, schafft einen großen Vorteil: Es lebt sich leichter. Deshalb beachten immer mehr Menschen bei ihrer Lebensplanung den Lauf der Natur und erfahren, dass sie damit gesünder, leichter und zufriedener leben.

Das Wissen um den Einfluss des Mondes auf unser tägliches Leben beruht auf uralten Erfahrungen. Große Teile der modernen Wissenschaft lehnen es ab, aber wie lange hat Wissenschaft gebraucht, um zu erkennen, dass die Erde rund ist? Dass es überhaupt Wissenschaft gibt, macht uns darauf aufmerksam, dass noch vieles unbekannt ist, dass noch viel Wissen geschaffen werden muss. Was werden wohl die Menschen in hundert Jahren über unser Wissen von heute sagen?

Dieses Buch will Sie an die Möglichkeiten heranführen, die sich uns bieten, wenn wir dem Lauf des Mondes in unserem Leben ein wenig Beachtung schenken. Literatur zum Mond gibt es viele. Mein Anliegen ist, grundlegendes Wissen übersichtlich und klar, vor allem aber praxistauglich darzustellen.

Wenn Sie neugierig geworden sind, Ihre eigenen Erfahrungen machen möchten und sich mit dem Mondrhythmus Ihr Leben erleichtern wollen, dann lade ich Sie ein zu einem spannenden Spaziergang in die Welt des Mondes und seiner Einflüsse auf unser Leben.

Ihr Michael Römer

Teil 1

Der Mondrhythmus kurz vorgestellt

Der Mond

Die astronomischen Kerndaten des Mondes

Seht ihr den Mond dort stehen?
Er ist nur halb zu sehen,
Und ist doch rund und schön!

Matthias Claudius: Abendlied

Der Mond ist derjenige Himmelskörper, der am nächsten bei unserer Erde steht. Kein anderes Objekt am Himmel können wir so häufig und so groß sehen, wie den Mond. Nur vergleichsweise selten, an Vollmond, können wir ihn vollständig sehen. Wie Matthias Claudius müssen wir die meiste Zeit hinter einer kleinen Mondsichel den ganzen Mond erahnen.

Astronomisch gesehen ist der Mond kein Planet, weil er nicht wie die Erde um einen Stern – die Sonne – sondern um einen Planeten, unsere Erde, kreist. Die astronomische Bezeichnung für einen solchen Himmelskörper ist ein »Mond«. Dieser Name leitet sich natürlich vom Mond selbst ab. Er wird auch für die Monde anderer Planeten gebraucht, zum Beispiel für die Jupitermonde, die aber auch noch eigene Namen haben.

Der Mond hat einen Durchmesser von 3 476 Kilometern und ist damit der verhältnismäßig größte bekannte Mond eines Planeten. Er umkreist unsere Erde nicht auf einer kreisrunden, sondern auf einer elliptischen Bahn. Immer am 21. Dezember ist sein Abstand zur Erde am geringsten und beträgt 356 400 Kilometer. Am 21. Juni erreicht er seine entfernteste Stellung mit einem Abstand von 406 700 Kilometern von der Erde.

Der Mond braucht etwas über 29 ½ Tage, um die Erde einmal zu umrunden. Diese Zeitspanne ist der Abstand zwischen zwei Vollmonden und wird in der Astronomie »synodischer Monat« genannt. Solche Kulturen, die ihr Jahr nicht wie wir nach dem Lauf der Sonne, sondern nach dem Mond berechnen, nehmen dieses Maß als Grundlage für ihren Kalender.

Weil sich der Mond nicht nur um die Erde dreht, sondern mit ihr einmal im Jahr die Sonne umkreist, fallen die Zeit für eine Erdumrundung und für das Erreichen der gleichen Stellung am Sternenhimmel auseinander. Dafür braucht er nur etwas mehr als 27 Tage. Wegen dieses Unterschieds »wandert« der Mond durch die Sternbilder.

Die Gezeiten als Folge des Mondlaufs

Weil sich die Erde einmal am Tag um ihre eigene Achse dreht, scheint sich der Mond einmal am Tag um die Erde zu drehen. Jeder Punkt auf der Erde ist deshalb einmal am Tag dem Mond ganz nah und einmal dem Mond ganz fern.

Weil der Mond mit 73 483 000 000 000 000 000 000 Kilogramm sehr schwer ist, macht sich seine Massenanziehungskraft, das ist die Kraft, mit der sich zwei Gegenstände in Abhängigkeit von ihrem Gewicht anziehen, hier auf der Erde bemerkbar: Immer an der Stelle, die dem Mond gerade am nächsten ist, hebt sich die Erdkruste etwas und hier strömt das Wasser in den Meeren zusammen. So entstehen Ebbe und Flut.

Komplizierte physikalische Effekte sorgen dafür, dass auf der dem Mond gerade gegenüberliegenden Seite der Erde ebenfalls das Wasser zusammenströmt. Deshalb kommt es hier zu einer zweiten Flut. Es gibt also jeden Tag zweimal Hochwasser, wenn der Punkt auf der Erde dem Mond am nächsten und am fernsten ist, und zweimal Niedrigwasser, wenn der Mond »seitlich« zu dem Punkt auf der Erde ist.

Die Mondphasen im Alltag

Die Mondphasen

Von einer Vollmondstellung zur nächsten benötigt der Mond rund 29 ½ Tage. Diesen Kreislauf, der in der astronomischen Fachsprache »synodischer Zyklus« heißt, betrachten wir nun etwas näher.

An Neumond steht der Mond genau zwischen der Sonne und der Erde, das heißt, die drei Himmelskörper sind wie auf einer geraden Linie aufgereiht. Die Sonne strahlt immer nur den Teil des Mondes mit ihrem Licht an, der zu ihr zeigt. Das ist wie auf der Erde: Auch hier scheint die Sonne immer nur einen Teil an, dann ist es Tag. Auf der anderen Seite ist es dunkel und Nacht.

Bei Neumond können wir den Mond nicht sehen, weil die helle Seite von der Erde wegzeigt (vgl. die Darstellung unten). Von dieser Position aus bewegt sich der Mond von uns aus ge-

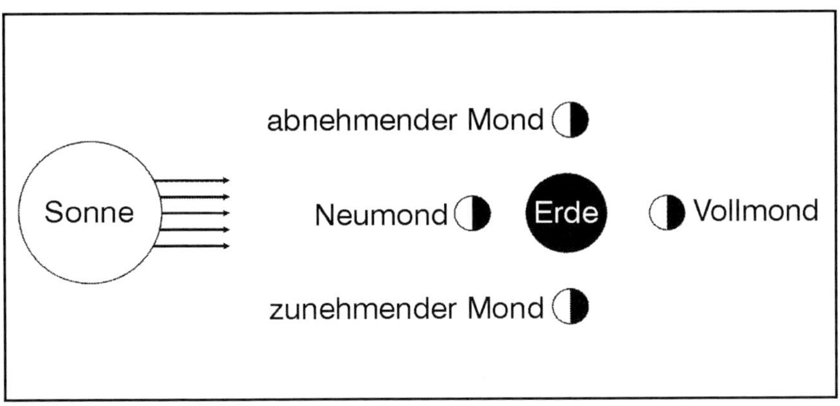

sehen gegen den Uhrzeigersinn um die Erde herum. Zunächst erreicht die Stellung, die in der Abbildung ganz unten zu sehen ist: Jetzt ist das »Erste Viertel« erreicht, wir sprechen vom »Halbmond«. Bis hierher hat es ungefähr sieben Tage gedauert.

Weitere sieben Tage benötigt der Mond, um die Vollmondstellung zu erreichen. Jetzt steht der Mond von der Erde aus gesehen der Sonne genau gegenüber. Verläuft die Mondbahn dabei so, dass die Erde den Mond vor der Sonne verdeckt, entsteht eine Mondfinsternis. Von jetzt an bewegt sich der Mond wieder mehr auf die Sonne zu und erreicht nach etwas über zwei Wochen wieder seine Ausgangsposition: Es ist wieder Neumond.

Der Neumond im Alltag

Um Ihnen die astrologische Bedeutung der Mondphasen etwas anschaulicher zu machen, greife ich auf die Gezeiten zurück. Vergleichen wir also das Zu- und Abnehmen des Mondes mit dem Zu- und Abnehmen des Wassers in einem Hafenbecken an der Atlantik- oder Nordseeküste.

Der Neumond markiert den Anfang eines Mondlaufs um die Erde, in unserem Beispiel ist jetzt Niedrigwasser: Es ist entweder gar kein Wasser im Hafen, oder aber ein kleines Rinnsal schlängelt sich dahin.

Auf der astrologischen Ebene ist jetzt die Zeit des Anfangs und Neubeginns: Die Zeit, sich etwas vorzunehmen, was dann Stück für Stück erreicht werden kann, so wie das Wasser nach und nach ins Hafenbecken zurückkehren wird.

Der Neumond beschreibt aber auch den Abschluss der Zeit des abnehmenden Mondes, in unserem Beispiel des abfließenden Wassers. Der letzte Bodensatz, der im Hafen zurückgeblieben war, wird jetzt weggeschwemmt: Die Entgiftung ist jetzt am stärksten, auch die Selbstheilungskräfte sind ausgeprägt.

Der zunehmende Mond im Alltag

So wie während der Flut das Wasser ins Hafenbecken strömt, so nimmt der Körper im zunehmenden Mond alles besser in sich auf.

Für uns Menschen ist das die Zeit, Neues aufzubauen und zu schaffen. Was man in den vierzehn Tagen des zunehmenden Mondes beginnt, gelingt leichter. Das gilt für die Umgestaltung der Wohnung genauso wie für berufliche Vorhaben.

Im Körper werden jetzt die Kräfte gebündelt und gesammelt. Die Zufuhr von Nährstoffen ist jetzt wirkungsvoller als im abnehmenden Mond. Die Zeit eignet sich zum Zunehmen – Übergewichtige sollten daher sich beim Essen zurückhalten.

Bei den vielen Aktivitäten, die jetzt anstehen, sollte man immer wieder eine Pause einlegen. Schonen Sie Ihren Körper bei dem, was Sie tun, und gönnen Sie sich ab und zu eine Erholung.

Der Vollmond im Alltag

So wie bei Hochwasser das Hafenbecken mit Wasser prall gefüllt ist, so ist der Mond bei Vollmond auch für unser Auge angefüllt mit dem Licht der Sonne.

Bei Vollmond wirkt alles stärker als sonst. Das gilt für Nahrungsmittel, die man bei Übergewicht besser etwas reduziert, aber auch für Nahrungsergänzungen, die sich jetzt besonders wirkungsvoll einsetzen lassen. Da sich bei Genussmitteln und Medikamenten derselbe Einfluss bemerkbar macht, sollte man sparsamer damit umgehen.

In den Tagen rund um den Vollmond spüren Sie Verletzungen stärker und auch Narben können schmerzen. Verletzungen heilen meist schlechter. Planbare Operationen legt man also besser auf einen anderen Termin. Dies gilt übrigens auch für Impfungen.

Der abnehmende Mond im Alltag

Bei abnehmendem Mond geht der für unser Auge sichtbare Teil des Mondes Stück für Stück zurück. So geht es auch dem Wasser in unserem Hafenbecken. Es verlässt den Hafen langsam und nimmt einiges mit hinaus aufs Meer. Die Schiffe gelangen jetzt mit weniger Energie weiter hinaus. Manches bleibt aber auch im Becken zurück und es benötigt einigen Aufwand, es zu entfernen.

Der menschliche Körper verhält sich während dieser Mondphase ähnlich: Es ist jetzt Zeit zum Abnehmen, zum Ausscheiden, zum Entgiften. Wie beim Hafenbecken braucht es dabei immer wieder einen Beitrag von außen, damit es gründlich vorankommt.

Die Tierkreiszeichen im Mondrhythmus

Die Tierkreiszeichen

Die Tierkreiszeichen und der Mondrhythmus

Der Begriff »Tierkreiszeichen« ist eigentlich nicht ganz richtig, denn von den zwölf Symbolen, die unter diesem Schlagwort zusammengefasst werden, sind fünf keine Tiere: die Zwillinge, die Jungfrau, die Waage, der Schütze und der Wassermann. Trotzdem bilden die zwölf Tierkreiszeichen ein geschlossenes System von gleich großen Abschnitten am Sternenhimmel.

Die Tierkreiszeichen gehen auf die Beobachtung der Sterne in den antiken Hochkulturen im Mittelmeerraum und Vorderen Orient zurück. Um sich die Sterne am Himmel besser merken zu können, wurden sie zu »Bildern« zusammengefasst, die man sich leicht vorstellen konnte. Noch heute können wir an den Namen erkennen, dass sie nicht aus unserer Gegend stammen: Skorpione sind bei uns ebenso unüblich wie Löwen.

Die Astrologie verwendet zwölf Tierkreiszeichen. Sie teilen den Jahreskreis in zwölf Abschnitte. Da sich die Erde nicht mit gleicher Geschwindigkeit um die Sonne dreht, sondern im Winterhalbjahr schneller als im Sommer, sind diese Abschnitte unterschiedlich lang: Der Steinbock dauert nur etwas über 29 Tage, der Löwe über 31. In der Astrologie beginnt das Jahr mit dem Frühlingspunkt im Widder (20./21. März).

Auch der Umlauf des Mondes lässt sich nach dem gleichen System in zwölf Abschnitte aufteilen, die wiederum nach dem Winkel, aber nicht nach der benötigten Zeit gleich sind. Deshalb hält sich der Mond bei seinem Lauf durch die zwölf

Sternzeichen in jedem Zeichen unterschiedlich lange auf, jeweils etwa zweieinhalb Tage. Nach etwas mehr als 27 Tagen (siderischer Monat) hat der Mond wieder den Anfangspunkt am Sternenhimmel erreicht.

Weil der Mond sich inzwischen mit der Erde auch um die Sonne weiterbewegt hat, braucht er noch einmal etwas mehr als zwei Tage, um wieder seinen alten Stand zur Sonne zu erreichen (synodischer Monat). Jetzt ist er aber schon wieder fast ein Tierkreiszeichen weiter. Das ist der Grund, warum die Mondphasen in allen Tierkreiszeichen auftreten und nicht an eines fest gekoppelt sind.

Der Einfluss des Mondrhythmus auf unser Leben hängt von der Mondphase und dem Tierkreiszeichen ab. Das Tierkreiszeichen, in dem Sie geboren wurden, spielt hier keine Rolle.

Die Tierkreiszeichen und die klassischen Elemente

Bereits in der Antike wurde jedem der Tierkreiszeichen eines der vier klassischen Elemente Feuer, Erde, Luft und Wasser zugeordnet:

Tabelle 1: Tierkreiszeichen und die klassischen Elemente

Element	Tierkreiszeichen
Feuer	Widder, Löwe, Schütze.
Erde	Stier, Jungfrau, Steinbock.
Luft	Zwillinge, Waage, Wassermann.
Wasser	Krebs, Skorpion, Fische.

Die aufsteigende Kraft

Neben der Zuordnung der Tierkreiszeichen zu den vier klassischen Elementen finden Sie immer wieder auch die Zuordnung zu einem »aufsteigenden Mond« oder zu einem »absteigenden Mond«. Dabei handelt es sich um Zuordnungen, die sich am Lauf der Sonne orientieren. Ich verwende deshalb die Begriffe »aufsteigende Kraft« und »absteigende Kraft«, um deutlich zu machen, dass dies nichts mit dem Lauf des Mondes durch die Tierkreiszeichen zu tun hat.

Zu den Tierkreiszeichen mit aufsteigender Kraft werden diejenigen gerechnet, die die Sonne von der Wintersonnenwende bis zur Sommersonnenwende durchläuft, also der Steinbock, der Wassermann, die Fische, der Widder, der Stier und die Zwillinge.

Die Zwillinge nehmen eine Sonderstellung ein, weil sich hier der Wechsel zur aufsteigenden Kraft anbahnt. Sie sind daher eher eine Zeit des Umbruchs.

Die aufsteigende Kraft tritt immer dann auf, wenn der Mond eines der genannten Tierkreiszeichen durchläuft, also unabhängig von der Jahreszeit. Sie fördert das Zunehmen, das Wachsen und Gedeihen.

In der Natur steigen die Säfte nach oben, das oberirdische Wachstum wird begünstigt. Das ist günstig für die Arbeit auf dem Feld und im Garten. Wie man es in dieser Phase mit dem Pflanzen halten soll, ist allerdings umstritten. Da ich hier keine ausreichenden persönlichen Erfahrungen habe, um eine sichere Aussage machen zu können, empfehle ich Ihnen, es selbst zu testen.

Die Zeit der aufsteigenden Kraft ist die beste Gelegenheit zur Ernte. Obst und Gemüse sind schön saftig und bleiben es. So lassen sie sich gut lagern.

Die absteigende Kraft

Zu den Tierkreiszeichen mit absteigender Kraft gehören diejenigen, durch die sich die Sonne von der Sommersonnenwende bis zur Wintersonnenwende bewegt: der Krebs, der Löwe, die Jungfrau, die Waage, der Skorpion und der Schütze. Wie die Zwillinge bei der aufsteigenden Kraft, so ist auch der Schütze bei der absteigenden Kraft mehr eine Zeit des Kraftwechsels und Umbruchs.

Die Zeit der absteigenden Kraft eignet sich besonders für die Aussaat von Pflanzen, die unterirdisch wachsen, zum Beispiel Radieschen, Rettiche, Kartoffeln oder Möhren. Man kann sie auch nutzen, um oberirdisch wachsende Pflanzen auszubringen, wenn sich kein günstiger Termin im zunehmenden Mond bietet.

Mein Lebensraum
Garten und Natur

Die vier Tagesqualitäten

Die Tierkreiszeichen sind jeweils einem der vier klassischen Elemente Feuer, Erde, Luft und Wasser zugeordnet. Um dieses abstrakte System möglichst einfach auf die Natur anwenden zu können, werden den Elementen bestimmte Tagesqualitäten zugeordnet, die sich leicht merken lassen:

Tabelle 2: Die Tagesqualitäten in der Natur

Tagesqualität	Tierkreiszeichen
Fruchttag	Widder, Löwe, Schütze.
Wurzeltag	Stier, Jungfrau, Steinbock.
Blütentag	Zwillinge, Waage, Wassermann.
Blatttag	Krebs, Skorpion, Fische.

Die Anwendung der Tagesqualitäten im Alltag

Anhand der Zuordnung eines Tierkreiszeichen zu einer der Tagesqualitäten können Sie feststellen, worum man sich in der Pflanzenwelt an diesen Tagen besonders kümmern sollte. Wichtige Anwendungsbereiche sind das Setzen, das Säen und die Pflege der Gewächse.

Wenn Sie also eine fruchttragende Pflanze, zum Beispiel einen Erdbeerstock, setzen möchten, wählen Sie dafür einen der Fruchttage Widder, Löwe oder Schütze aus. Wollen Sie ein Wurzelgemüse, etwa Rettiche, säen, eignen sich dafür besonders die Wurzeltage Stier, Jungfrau und Steinbock.

Dieses Prinzip können Sie auch auf die Pflege Ihrer Pflanzen anwenden. Hier gebe ich Ihnen noch eine Übersicht, was in welche der astrologischen Pflanzengruppen gehört:

Tabelle 3: Die Tagesqualitäten in der Pflanzenwelt

Tagesqualität	Pflanzen
Fruchttag	Bohnen, Erbsen, Mais, Tomaten, Kürbis, Linsen, Gurken, Auberginen, Zucchini, Beerensträucher, Obstbäume, Paprika.
Wurzeltag	Knoblauch, Möhren, Rote Beete, Radieschen, Rettich, Kohlrüben, Zuckerrüben, Sellerie, Schwarzwurzel, Kartoffeln, Zwiebeln, Kohlrabi.
Blütentag	Blumenkohl, Brokkoli, Sonnenblumen und Blumen aller Art, Lein, Raps, Nussbäume, Strauchgewächse wie Hagebutte und Holunder.
Blatttag	Salate, Spinat, Rapunzel, Endivien, Petersilie, Kohlsorten (z. B. Grünkohl, Rosenkohl), alle Kräuter, Spargel, Kresse, Porree, Mangold, Rhabarber.

Mein Körper
Ernährung

Die vier Tagesqualitäten

Bei der Ernährung haben wir es mit zwei sich überlagernden Zuordnungen der Elemente zum täglichen Leben zu tun: Auf der einen Seite stehen die vier wichtigen Naturstoffe Kohlenhydrate, Fett (Lipide), Eiweiß (Proteine) und Salz. Außerdem gibt es natürlich die vielen Pflanzen, die wir als Obst oder Gemüse essen und deshalb auch berücksichtigt werden wollen.

Tabelle 4: Die Naturstoffe im Mondkreislauf

Naturstoff	Tierkreiszeichen
Eiweiß	Widder, Löwe, Schütze.
Salz	Stier, Jungfrau, Steinbock.
Fett	Zwillinge, Waage, Wassermann.
Kohlenhydrate	Krebs, Skorpion, Fische.

Die Berücksichtigung der Naturstoffe im Mondrhythmus

An den Tagen, die in der Tabelle oben den vier Naturstoffen zugeordnet sind, reagiert der Körper stärker auf den jeweils angegebenen Stoff. Wie sich das genau auswirkt, ist aber von Mensch zu Mensch verschieden. Deshalb können hier keine genauen Ratschläge gegeben werden, was an diesen Tagen besser getan oder nicht getan werden sollte. Mein Rat heißt deshalb: Achten Sie an diesen Tagen darauf, wie ihr Körper reagiert, und berücksichtigen Sie diese Erkenntnisse bei Ihren Essgewohnheiten.

Obst und Gemüse

Im Abschnitt »Garten und Natur« habe ich die Zuordnung der Pflanzen zu den Tierkreiszeichen bereits angesprochen. Für die Küche finden Sie hier eine entsprechend angepasste Übersicht:

Tabelle 5: Obst und Gemüse im Mondkreislauf

Tagesqualität	Obst und Gemüse
Fruchttag (Widder, Löwe, Schütze)	Avocado, Bohnen, Erbsen, Mais, Tomaten, Kürbis, Linsen, Soja, Gurken, Auberginen, Zucchini, Beeren, Obst, Paprika, Oliven.
Wurzeltag (Stier, Jungfrau, Steinbock)	Knoblauch, Möhren, Rote Beete, Radieschen, Rettich, Kohlrüben, Zuckerrüben, Sellerie, Schwarzwurzel, Kartoffeln, Zwiebeln, Kohlrabi.
Blütentag (Zwillinge, Waage, Wassermann)	Artischocken, Blumenkohl, Brokkoli, Sonnenblumenkerne, Leinsamen, Raps, Nüsse, Hagebutte, Holunder.
Blatttag (Krebs, Skorpion, Fische)	Salate, Spinat, Rapunzel, Endivien, Petersilie, Kohlsorten (z. B. Grünkohl, Rosenkohl), alle Blattkräuter, Spargel, Kresse, Porree, Mangold, Rhabarber.

Mein Körper
Gesundheit

Die Gesundheitsregeln entlang des Mondrhythmus folgen den Mondphasen und den einzelnen Tierkreiszeichen. Zunächst stelle ich die Mondphasen vor, dann folgt noch etwas zu den Tierkreiszeichen.

Zunehmender Mond

Der zunehmende Mond unterstützt Sie, Ihren Körper aufzubauen und zu kräftigen. Mangelerscheinungen lassen sich jetzt gut beheben. Mangelerscheinungen beugen Sie übrigens am besten vor, indem Sie sich auch in den anderen Mondphasen möglichst ausgewogen, natürlich und regelmäßig ernähren.

Vollmond

Um die Vollmondtage herum sollte man mit einem Abstand von etwa drei Tagen Operationen vermeiden. An solchen Tagen treten häufig Probleme bei der Wundheilung auf. In Notfällen ist es natürlich auch dann sinnvoll, eine Operation durchzuführen, die nicht aufgeschoben werden kann.

Abnehmender Mond

Wenn Sie sich einer planbaren Operation unterziehen müssen, dann lassen Sie sich am besten einen Termin im abnehmenden Mond geben. Erfahrungsgemäß bilden sich jetzt weniger Narben und die Wundheilung geht schneller voran. Achten Sie aber auch jetzt darauf, dass sie diejenigen Bereiche im Körper, die dem tagesaktuellen Tierkreiszeichen zugeordnet sind, meiden.

Der abnehmende Mond unterstützt Sie auch beim Abnehmen und beim Entgiften.

Neumond

Die Auswirkungen des Neumonds auf den Körper entsprechen denjenigen des Vollmonds. Vermeiden Sie also auch um die Neumondtage herum Operationen, allerdings reicht hier ein Abstand von nur einem Tag.

Tierkreiszeichen

Den Tierkreiszeichen sind jeweils bestimmte Körperregionen zugeordnet. Welche das sind, erfahren Sie beim jeweiligen Tierkreiszeichen im Kurzportrait in der Übersichtsdarstellung. An den Tagen, in denen der Mond in diesem Zeichen steht, sind die dort aufgeführten Bereiche fast immer empfindlich.

An den Tagen, an denen eine Körperregion nach den Tierkreiszeichen besonders empfindlich ist, sollte man auch bei ansonsten günstigen Tagen auf Operationen verzichten. Am besten ist es, einen Abstand von ungefähr einem Tag einzuhalten.

Wichtiger Hinweis

Der nach dem Mondrhythmus richtige Termin für eine Operation garantiert noch keine erfolgreiche Operation, der falsche Termin führt aber fast immer zu Problemen.

Jeder Arzt, der Sie ernst nimmt und der Sie in Ihrer Gesundheit unterstützen will, akzeptiert bei der Terminauswahl Ihre Wünsche.

Die Tierkreiszeichen im Portrait

Auf den folgenden Seiten finden Sie eine Überblickdarstellung der zwölf Tierkreiszeichen. Sie soll Ihnen die Tierkreiszeichen möglichst kurz und einprägsam vorstellen. Deshalb wurden die Eigenschaften bewusst überzeichnet. Im täglichen Leben wird Ihnen selbstverständlich kein so »reiner« Widder, Stier usw. begegnen, wie sie hier dargestellt sind.

Der Widder auf einen Blick

♈

Element:	Feuer
Qualität:	Wärmetag
Natur:	Fruchttag aufsteigende Kraft
Ernährung:	Eiweiß
Körperregion:	Kopf, Gehirn, Augen, Nase
Stärken:	Entschlossenheit, Tatkraft
Schwächen:	Eigenwilligkeit, Unbesonnenheit
Eigenschaften:	Ungeduld, Begeisterung

Sie finden den Widder vorzugsweise bei

Neumond	im April
zunehmendem Mond	von Oktober bis April
Vollmond	im Oktober
abnehmendem Mond	von April bis Oktober

Der Widder

Der Widder ist das erste Tierkreiszeichen und steht für den Anfang. Er lässt sich mit dem Neugeborenen, dem kleinen Kind vergleichen. Er ist ungeduldig und voller Aktivität. Wie ein kleines Kind möchte er die Welt erkunden und kennt keine Angst. Furchtlos geht er auf das Fremde zu, seine Neugier treibt ihn immer weiter.

Menschen mit Sternzeichen Widder zeichnen sich durch Mut und Tatendrang, Offenheit und Ungeduld, Eigenwilligkeit und Durchsetzungskraft aus. Sie handeln gern spontan und ohne vorhergehende Planung. Sie stürmen voran und versuchen, ihre Mitmenschen mitzureißen.

Dafür sind die Erfolge der Widder häufig von Rückschlägen begleitet, von denen sie sich nicht aufhalten lassen. Viele kleine Kinder müssen sich erst die Finger an einer heißen Herdplatte verbrennen, bevor sie ihren Eltern glauben, dass das nichts für sie ist. So geht es auch dem Widder: Immer wieder muss er schmerzhafte Erfahrungen machen, die er sich erspart hätte, wenn er den Warnungen seiner Mitmenschen geglaubt hätte.

So wie das kleine Kind die Schmerzen der Verbrennungen bald vergisst, so hält sich auch der Widder an Rückschlägen nicht lange auf und sieht wieder nach vorn.

An Widdertagen strebt alles nach vorn, man sucht vergebens nach Ruhe. Energisch packt man Neues an, handelt aber auch gern spontan und impulsiv. Widdertage eignen sich zu vielerlei Aktivitäten.

Der Stier auf einen Blick

♉

Element:	Erde
Qualität:	Kältetag
Natur:	Wurzeltag aufsteigende Kraft
Ernährung:	Salz
Körperregion:	Hals, Nacken, Kiefer, Zähne
Stärken:	Ausdauer, Geduld
Schwächen:	Sturheit, Rechthaberei
Eigenschaften:	Realitätssinn, Gelassenheit

Sie finden den Stier vorzugsweise bei

Neumond	im Mai
zunehmendem Mond	von November bis Mai
Vollmond	im November
abnehmendem Mond	von Mai bis November

Der Stier

Der Stier steht für Bodenständigkeit, Realitätssinn, Besitz und Genießertum. Er lässt sich am besten mit einem Stier auf der Weide vergleichen. Er verhält sich ruhig, gemütlich und manchmal etwas behäbig. Nichts kann ihn aus der Ruhe bringen. Genussvoll kaut er an einem Grashalm nach dem anderen und interessiert sich nicht besonders für seine Umwelt.

Menschen mit Sternzeichen Stier zeichnen sich durch Realitätssinn und Geduld, Gelassenheit und Ausdauer, aber auch Sturheit und Rechthaberei aus. Sie leben gern auf ihrer Scholle und lieben ihren Garten und die freie Natur. Am liebsten haben sie etwas Vermögen als Sicherheit im Hintergrund. Sie arbeiten beharrlich, aber eher gemächlich.

Zu lange reizen sollte man den Stier aber nicht. Wenn einmal der Punkt erreicht ist, an dem ihn seine Geduld verlässt, kann er mit bemerkenswerter Energie gegen den Störer vorgehen. Auch ist es schwierig, den Stier von anstehenden Neuerungen zu überzeugen, er bleibt lieber beim Bewährten, auch wenn es mühsamer sein sollte.

Der Stier hat aber auch einen ausgesprochenen Sinn fürs Entspannen und Genießen. Auf seinem Fleckchen Erde, bei einem leckeren Essen oder in einem ästhetischen Rahmen fühlt er sich am wohlsten.

An Stiertagen herrscht eine angenehme, besonnene Atmosphäre. Selten wird etwas überstürzt, alles geht ruhig, aber auch mit der nötigen Ausdauer von der Hand.

Die Zwillinge auf einen Blick

♊

Element:	Luft
Qualität:	Lichttag
Natur:	Blütentag Kraftwechsel
Ernährung:	Fett
Körperregion:	Schulter, Arme, Hände, Lunge
Stärken:	Flexibilität, Geschicklichkeit
Schwächen:	Oberflächlichkeit, Unzuverlässigkeit
Eigenschaften:	Kommunikation, Bewegung

Sie finden die Zwillinge vorzugsweise bei

Neumond	im Juni
zunehmendem Mond	von Dezember bis Juni
Vollmond	im Dezember
abnehmendem Mond	von Juni bis Dezember

Die Zwillinge

Die Zwillinge stehen für Bewegung, Kommunikation und Flexibilität. Wie ein Moderator in einer Unterhaltungssendung im Fernsehen versprühen sie eine lockere, abwechslungsreiche aber mitunter auch recht schnell wechselnde Stimmung. Sie reden mit jedem und über alles, gehen aber selten in die Tiefe, sondern suchen sich sogleich wieder einen neuen Gesprächspartner.

Menschen mit Tierkreiszeichen Zwillinge zeichnen sich durch große Flexibilität und einem starken Drang zur Kommunikation mit anderen aus. Sie sind sehr wissbegierig und geben das, was sie erfahren haben, gern an andere Menschen weiter. Auf eine bestimmte Position oder Meinung legen sie sich lieber nicht fest: Es könnte noch etwas interessantes Neues auf sie zukommen, das sogleich aufgenommen werden muss.

Ihre Vorliebe für zwanglose Kommunikation lässt die Zwillinge in ihrer Umgebung häufig als Luftikusse oder Schwatzbasen erscheinen. Zweifel an ihrer Zuverlässigkeit keimen nur allzu gern auf.

Zwillinge nehmen an sie herangetragene Informationen gut auf und können sie unverfälscht weitertragen. Sie legen wert darauf, ihre Kenntnisse und Fähigkeiten im Alltag anwenden zu können.

An Zwillingstagen herrscht eine entspannte, aber trotzdem geschäftige Atmosphäre. Sie lädt zur zwanglosen Unterhaltung ein und eignet sich gut, neue Leute kennenzulernen.

Der Krebs auf einen Blick

♋

Element:	Wasser
Qualität:	Wassertag
Natur:	Blatttag absteigende Kraft
Ernährung:	Kohlenhydrate
Körperregion:	Brust, Magen, Leber, Galle
Stärken:	Einfühlsamkeit, Empfänglichkeit
Schwächen:	Launenhaftigkeit, Hang zum Nachtragen
Eigenschaften:	Zurückgezogenheit

Sie finden den Krebs vorzugsweise bei

Neumond	im Juli
zunehmendem Mond	von Januar bis Juli
Vollmond	im Januar
abnehmendem Mond	von Juli bis Januar

Der Krebs

Der Krebs steht für Stimmungsschwankungen, Gefühle und Zurückgezogenheit. Man kann ihn mit einem Eremiten vergleichen, der in völliger Zurückgezogenheit, aber auch im Schutz der vertrauten Umgebung des Klosters oder der Einsiedelei lebt. Er sehnt sich nach Geborgenheit und Schutz vor der Welt. In der Abgeschiedenheit lebt er seine religiösen Gefühle und sehnt sich nach seinem Gott.

Menschen mit Tierkreiszeichen Krebs zeichnen sich durch ein starkes Gefühlsleben aus. Sie sind Familienmenschen. Sie sorgen gern für andere und haben ein mütterliches Verhalten. Jugendliche mit Sternzeichen Krebs halten die Verbindung zum Elternhaus länger und stärker aufrecht als andere. In einer für sie neuen Umgebung benötigen sie einige Zeit, um sich angekommen zu fühlen.

Der Krebs nimmt seine Umwelt stark auf der Gefühlsebene wahr. Das führt zu häufigen Stimmungsschwankungen. Er ist schneller beleidigt als andere Menschen.

Die Stärke des Krebses ist seine Einfühlsamkeit. Er nimmt die Stimmungen seiner Umgebung auf und kann die Menschen in seiner Umgebung gut trösten. Ein Krebs kann ehrgeizig und beharrlich sein, es gibt aber auch Gegenbeispiele.

An Krebstagen herrscht eine gefühlsbetonte, ruhigere Atmosphäre. Man sehnt sich nach der Geborgenheit des eigenen Heims und der Familie.

Der Löwe auf einen Blick

♌

Element:	Feuer
Qualität:	Wärmetag
Natur:	Fruchttag absteigende Kraft
Ernährung:	Eiweiß
Körperregion:	Herz, Blutkreislauf, Rücken
Stärken:	Mut, Organisationstalent
Schwächen:	Stolz, Egozentrik
Eigenschaften:	Großzügigkeit

Sie finden den Löwe vorzugsweise bei

Neumond	im August
zunehmendem Mond	von Februar bis August
Vollmond	im Februar
abnehmendem Mond	von August bis Februar

Der Löwe

Der Löwe steht für ein starkes Selbstbewusstsein und das Gefühl von Überlegenheit, für Kreativität und Großzügigkeit. Er lässt sich am besten mit dem Löwen in den Savannen Afrikas vergleichen: Dort hat der Löwe keinen natürlichen Feind, er ist unangefochten der Stärkste. Ohne sich vor etwas anderem als seinesgleichen fürchten zu müssen, sonnt er sich mit seiner prachtvollen Mähne und reißt hin und wieder ein Beutetier.

Menschen mit dem Sternzeichen Löwe sind stolz und lebensfroh. Sie sind offen und großzügig. Sie halten sich gern in Gesellschaft anderer auf. Löwemenschen stehen häufig und gern im Mittelpunkt und sind selten zu übersehen. Würdigt man sie nicht ausreichend, können sie beleidigt sein oder sich in den Vordergrund spielen. Sie haben einen Sinn für das Künstlerische und sind kreativ, schätzen aber auch die Prachtentfaltung und den Luxus.

Löwemenschen haben ein Organisationstalent und sind typische Führungskräfte mit natürlicher Autorität. Sie entscheiden spontan und »aus dem Bauch heraus«. Einer einmal getroffenen Entscheidung bleiben sie treu, bis sich die Lage völlig verändert hat. Sie schätzen Ehrlichkeit und zeigen sich Untergebenen gegenüber aufmerksam und großzügig.

Löwetage sind warm und herzlich. Man ist selbstbewusster als sonst, gibt sich gern großzügig und offen. Man ist kreativ und schätzt das Besondere. Auf Festen und gesellschaftlichen Ereignissen fühlt man sich wohl.

Die Jungfrau auf einen Blick ♍

Element:	Erde
Qualität:	Kältetag
Natur:	Wurzeltag absteigende Kraft
Ernährung:	Salz
Körperregion:	Bauch, Magen, Darm, Nerven
Stärken:	Methodik, Fleiß
Schwächen:	Pedanterie, Kritiksucht
Eigenschaften:	Realitätssinn, Vernunft

Sie finden die Jungfrau vorzugsweise bei

Neumond	im September
zunehmendem Mond	von März bis September
Vollmond	im März
abnehmendem Mond	von September bis März

Die Jungfrau

Die Jungfrau steht für Realitätssinn, Vernunft, Methodik und Fleiß. Sie lässt sich mit einer Buchhalterin vergleichen: Sie prüft mit großer Sorgfalt die angefallenen Vorgänge auf ihre Richtigkeit und die Einhaltung aller Formalitäten. Mit großer Methodenkenntnis erstellt sie Zahlenwerke, die ein genaues Bild von der Lage eines Unternehmens geben.

Menschen mit Sternzeichen Jungfrau sind sorgfältig und schätzen die Ordnung. Sie möchten alles besonders sauber und besonders richtig machen. Sie sind ständig beschäftigt, aber immer nur mit nützlichen Dingen. Wenn man sie einmal ruhig antrifft, sind sie meist krank.

Die Gründlichkeit der Jungfrau ist gepaart mit einem großen Sinn für das Praktische. Sie kann gut beobachten und bemerkt auch scheinbare Kleinigkeiten. Qualität ist ihr wichtiger als die Abarbeitung größerer Mengen. Dabei kann sie sich schon einmal in Perfektion verlieren.

Jungfraumenschen sichern die Grundbedürfnisse des Lebens. Sauberkeit und Hygiene sind ihnen wichtig, was sich mitunter bis zur Putzsucht steigern kann. Ihre Gesundheit ist ihnen wichtig.

An Jungfrautagen ist man genauer und gründlicher als sonst. Es herrscht eine nüchtern-realistische, geschäftige Atmosphäre. Sie eignet sich gut für Geschäftliches und um sich einen allgemeinen Überblick zu verschaffen. Fröhliche Unterhaltungen findet man dagegen an Jungfrautagen seltener.

Die Waage auf einen Blick

♎

Element:	Luft
Qualität:	Lichttag
Natur:	Blütentag absteigende Kraft
Ernährung:	Fett
Körperregion:	Haut, Nieren, Blase, Hüfte
Stärken:	Diplomatie, Schönheitssinn
Schwächen:	Wankelmut, Bequemlichkeit
Eigenschaften:	Interessenausgleich

Sie finden die Waage vorzugsweise bei

Neumond	im Oktober
zunehmendem Mond	von April bis Oktober
Vollmond	im April
abnehmendem Mond	von Oktober bis April

Die Waage

Die Waage steht für Ausgleich, Gerechtigkeit und Ästhetik. Die Waage kann man sich am besten als einen Diplomaten vorstellen: Er wägt zwischen den Interessen der verschiedenen Parteien ab und versucht, eine möglichst gerechte Lösung für Probleme der großen Politik, aber auch für Probleme in Not geratener Menschen im Ausland zu finden. Daneben begeistert er sich für das kulturelle Leben seines Aufenthaltsorts.

Menschen mit Sternzeichen Waage sind freundlich, höflich und zuvorkommend. Sie nehmen Rücksicht auf andere und streben nach Harmonie. Entscheidungen fallen ihnen schwer, sie verlieren sich gern in langen Abwägungsprozessen. Wie die Diplomaten greifen sie manchmal zu einer »Hinhaltetaktik«, um anderen gegenüber sympathisch zu bleiben und unangenehmen Dingen aus dem Weg zu gehen.

Weil die Waage gern Konflikten ausweicht und anderen entgegenkommt, leiden oft ihre eigenen Bedürfnisse. Mit ihrem Charme, ihrer angenehmen Art der Unterhaltung und ihrem Sinn für Schönheit und Kultur ist sie ein gern gesehener Gast in jeder Gesellschaft.

Der Kunstsinn der Waage äußert sich auch in der Fähigkeit zum Gestalten und Dekorieren sowie in der Auswahl der Garderobe.

An Waagetagen herrscht eine ausgeglichene, angenehme Atmosphäre. Begegnungen verlaufen geordnet und harmonisch. Man erfreut sich an der Schönheit von Kunst und Kultur.

Der Skorpion auf einen Blick

♏

Element:	Wasser
Qualität:	Wassertag
Natur:	Blatttag absteigende Kraft
Ernährung:	Kohlenhydrate
Körperregion:	Harnleiter, Geschlechtsorgane
Stärken:	Durchsetzungskraft, Unermüdlichkeit
Schwächen:	Fanatismus, Kompromisslosigkeit
Eigenschaften:	Klare Entscheidungen

Sie finden den Skorpion vorzugsweise bei

Neumond	im November
zunehmendem Mond	von Mai bis November
Vollmond	im Mai
abnehmendem Mond	von November bis Mai

Der Skorpion

Der Skorpion steht für klare Entscheidungen, Durchsetzungskraft und Beharrlichkeit. Am besten kann man ihn mit einem Unternehmer vergleichen, der von einer bestimmten Geschäftsidee überzeugt ist: Er unternimmt alles, um mit seiner Idee Erfolg zu haben. Zäh kann er sich daran festbeißen und alles zu ihrer Verwirklichung tun. Damit ist er entweder erfolgreich, oder seine Idee kommt nicht an und er hält trotzdem daran fest, bis er völlig ruiniert ist.

Menschen mit Skorpioneigenschaften lieben klare Entscheidungen, an denen sie festhalten. Nichts kann sie ins Wanken bringen. Sie haben ein gutes Gespür; es gibt kaum etwas, das ihnen entgeht. Sie sind fasziniert von Problemen, die sich nur mit viel Ausdauer, Hartnäckigkeit und Fleiß lösen lassen.

Der Skorpion kann scharf kritisieren und beißend ironisch sein. Wenn er sich betrogen fühlt, kann er rachsüchtig werden. Das ist dann gefährlich, weil auch hier seine Hartnäckigkeit zum Tragen kommt.

Nach außen erscheint der Skorpion ruhig, beherrscht und verschlossen. Er lässt sich ungern in die Karten schauen. Skorpionmenschen sind selten Mannschaftsspieler, sie arbeiten lieber allein.

An Skorpiontagen ist die Stimmung leidenschaftlich. Man nimmt die Dinge klar und unverstellt war. An solchen Tagen werden gern Entscheidungen getroffen, an denen für lange Zeit festgehalten werden soll.

Der Schütze auf einen Blick

Element:	Feuer
Qualität:	Wärmetag
Natur:	Fruchttag Kraftwechsel
Ernährung:	Eiweiß
Körperregion:	Hüfte, Oberschenkel, Venen
Stärken:	Überzeugungskraft, Begeisterung
Schwächen:	Prahlerei, Einmischung
Eigenschaften:	Erkenntnisfähigkeit, Reiselust

Sie finden den Schützen vorzugsweise bei

Neumond	im Dezember
zunehmendem Mond	von Juni bis Dezember
Vollmond	im Juni
abnehmendem Mond	von Dezember bis Juni

Der Schütze

Der Schütze steht für Bildungshunger und Reiselust. Denken Sie an Menschen wie Alexander von Humboldt, der im 19. Jahrhundert als Professor und Politiker in Berlin nicht nur das preußische Bildungssystem reformiert hat, sondern auch nach Südamerika reiste, um dort das Amazonasgebiet zu erforschen.

Menschen mit Sternzeichen Schütze sind unternehmungslustig, redselig und aktiv. Sie lieben die Ferne und das Weite. Gleichzeitig schätzen sie das gesellschaftliche Leben, geben sich gern fröhlich und heiter. Sie sprühen vor Tatendrang und sind immer in Bewegung. Viele verbringen einen Teil Ihres Lebens im Ausland oder haben beruflich viel mit dem Ausland zu tun.

Schützemenschen haben ein angeborenes Führungstalent und streben nach beruflichem Aufstieg. Ihre Begabungen, ihre Freude am Lernen und ihre Redegewandtheit unterstützt sie dabei. Ähnlich wie Löwemenschen stehen sie gern im Vordergrund und zeigen eine gewisse Großzügigkeit.

Schützen sind Optimisten und von Grund auf fröhlich. Sie erfreuen sich am Großen und Weiten. Kleinteiligem oder Filigranem können sie nichts abgewinnen.

An Schützetagen herrscht eine bewegte und begeisterungsfähige Atmosphäre. Man drängt ins Freie oder in die Ferne, man findet Gefallen daran, Neues zu erfahren. Man ist geschäftig, dabei aber nicht verbissen und ernst, sondern heiter.

Der Steinbock auf einen Blick ♑

Element:	Erde
Qualität:	Kältetag
Natur:	Wurzeltag aufsteigende Kraft
Ernährung:	Salz
Körperregion:	Knie, Haut, Knochen, Gelenke
Stärken:	Aufstiegswillen, Beharrlichkeit
Schwächen:	Gefühlskälte, Geiz
Eigenschaften:	Realitätssinn, Disziplin

Sie finden den Steinbock vorzugsweise bei

Neumond	im Januar
zunehmendem Mond	von Juli bis Januar
Vollmond	im Juli
abnehmendem Mond	von Januar bis Juli

Der Steinbock

Der Steinbock steht für Realitätssinn, Disziplin, Hartnäckigkeit und Geduld. Vergleichen Sie den Steinbock mit einem Archäologen wie Heinrich Schliemann, der über Jahrzehnte nach geeigneten Orten zum Graben sucht und viele Misserfolge hinnehmen muss. Wenn er etwas ausgräbt, dann geht das nur sehr langsam mit Pinsel und kleinem Besen voran, aber der Erfolg wie hier das Gold von Troja stellt sich zuletzt umso größer ein.

Menschen mit Sternzeichen Steinbock verfügen über einen wachen Verstand und bewundernswerte Disziplin und Ausdauer. Sie nehmen das Leben ernst und halten daher viel auf einen guten Beruf. Sie sind ehrgeizig und stecken sich Ziele, die kaum erreichbar zu sein scheinen. Haben sie sich erst einmal einem Ziel verschrieben, verfolgen sie es mit bemerkenswerter Hartnäckigkeit.

Steinbockmenschen stehen mit beiden Beinen auf dem Boden der Tatsachen. Aber sie neigen auch dazu, ihren Zielen einiges unterzuordnen und sind daher häufig gegen sich und andere sparsam mit Gefühlen, etwas zu geizig und zu zäh. Ihr Leben scheint ein einziges Mühsal zu sein. Pflichtbewusstsein und Disziplin geht ihnen über alles.

An Steinbocktagen wird alles genau durchdacht, überprüft, auf Schwachstellen hin untersucht. Ungezwungene Fröhlichkeit sucht man heute vergebens, stattdessen findet man überall Kostenbewusstsein, einen Hang zur Sparsamkeit und zur Zurückhaltung.

Der Wassermann auf einen Blick ♒

Element:	Luft
Qualität:	Lichttag
Natur:	Blütentag aufsteigende Kraft
Ernährung:	Fett
Körperregion:	Unterschenkel, Venen
Stärken:	Kameradschaft, Originalität
Schwächen:	Rebellion, Außenseitertum
Eigenschaften:	Kreativität, Fantasie

Sie finden den Wassermann vorzugsweise bei

Neumond	im Februar
zunehmendem Mond	von August bis Februar
Vollmond	im August
abnehmendem Mond	von Februar bis August

Der Wassermann

Der Wassermann steht für Kreativität, Fantasie, Originalität, Individualität und Spontanität. Am besten vergleicht man ihn mit einem Tüftler, der in seiner kleinen Werkstatt dies und das ausprobiert und versucht, etwas Neues, Unbekanntes zu schaffen. Manchmal entsteht dabei etwas Praktisches und Nützliches. Er kann aber auch Dinge entwickeln, »die die Welt nicht braucht«.

Menschen mit Sternzeichen Wassermann drängt es nach Veränderungen und Reformen. Alles was ausgefallen ist, gefällt ihm. Selten lassen sie sich in althergebrachte Strukturen einbinden. Sie wollen aus der bürgerlichen Welt ausbrechen.

Menschen mit Sternzeichen Wassermann sind für ihre Umwelt oft schwer zu verstehen. Sie lieben das Ungewöhnliche, sind exzentrisch und originell. In engen Bindungen fühlen sie sich eingeengt und versuchen immer, sich in jeder Lebenslage ein Stück Freiheit zu bewahren.

Der Wassermann steht nur mit einem Bein auf dem Boden der Realität. Mit dem anderen ist er in Gedanken versunken, träumt von Neuem, Schönem, Anderem. Er hat viel Fantasie, die er in alltagstaugliche Dinge umsetzen kann. Er schätzt die Arbeit im gleichberechtigten Team mehr als hierarchische Ordnungen. Sein Blick ist in die Zukunft gerichtet, an Vergangenem hält er sich nicht fest.

An Wassermanntagen herrscht eine unbeschwerte Leichtigkeit. Man ist spontan und entscheidet immer wieder neu.

Die Fische auf einen Blick

♓

Element:	Wasser
Qualität:	Wassertag
Natur:	Blatttag aufsteigende Kraft
Ernährung:	Kohlenhydrate
Körperregion:	Füße, Zehen
Stärken:	Einfühlsamkeit, Hilfsbereitschaft
Schwächen:	Beeinflussbarkeit, Rückzug
Eigenschaften:	Intuition, Empfindsamkeit

Sie finden die Fische vorzugsweise bei

Neumond	im März
zunehmendem Mond	von September bis März
Vollmond	im September
abnehmendem Mond	von März bis September

Die Fische

Die Fische stehen für Einfühlsamkeit, Beschaulichkeit und Hilfsbereitschaft, aber auch für Unentschiedenheit, Beeinflussbarkeit und den Rückzug ins Private. Vergleichen Sie die Fische mit einem Fischer in früheren Zeiten, der mit seinem kleinen Fischerboot aufs Meer hinausfährt: Er ist zugleich bei der Arbeit und in seinem eigenen Reich, wo ihn niemand stört. Seine Arbeit besteht zu einem Gutteil im Warten, er genießt den Blick in die Ferne und sehnt sich nach Zuhause.

Menschen mit Sternzeichen Fische träumen gern und haben schwierigen Bezug zur Realität. Sie können die Wirklichkeit gut ausblenden und leben dann gleichsam in ihrer eigenen Welt. Sie ziehen sich gern zurück und verbringen viel Zeit für sich allein.

Für ihre Umwelt sind Menschen mit Sternzeichen Fische nur schwer zu fassen. Sie beziehen ungern klare Positionen, sondern bleiben lieber im Ungefähren. »Wolkige« Aussagen sind ihre Stärke. Sie vermeiden es, klare Entscheidungen zu treffen und schlängeln sich lieber durchs Leben.

Fischemenschen sind einfühlsam und hilfsbereit. Sie wollen lieber angeleitet werden, als selbst voranzugehen. Beruflich bleiben sie deshalb lieber im Hintergrund.

An Fischetagen zieht man sich lieber ins Private zurück, ist hilfsbereit und träumt. Die Atmosphäre kann durch Missverständnisse und Beleidigtsein getrübt sein.

Teil 2

Der Mondrhythmus im Alltag

Kopfschmerzen begegnen

Wenn Sie Kopfschmerzen haben, die nicht so stark sind, dass Sie deswegen auf ein Medikament zurückgreifen wollen, ist starker Kaffee ein einfaches Hausmittel. Brühen Sie sich eine Tasse Kaffee und geben Sie anstelle von Milch und Zucker etwas frisch gepressten Zitronensaft hinzu. Sicherlich – der Geschmack ist nicht sofort jedermanns Sache, aber vielfach hilft dies bereits und Sie vermeiden stärkere Mittel mit ihren Nebenwirkungen.

Wenn Sie Kopfschmerzen vorbeugen wollen, dann nehmen Sie jeden Tag etwa zwei bis drei Liter Flüssigkeit zu sich. Am besten ist klares Wasser ohne Kohlensäure. Trinken sie Kaffee oder Alkohol, dann ergänzen Sie dieses Getränk durch die gleiche Menge an klarem Wasser.

Beugen Sie bevorzugt vor, wenn der Mond im Widder ist. An solchen Tagen kann es öfters zu Kopfschmerzen kommen, denn der Kopf ist da einfach empfindlicher.

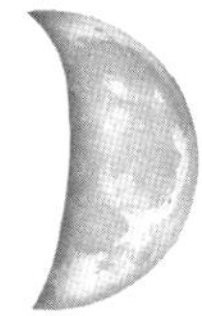

Der Widder im zunehmenden Mond

Der Widder steht für Entschlossenheit, Eigenwilligkeit, Tatkraft und Impulsivität.

Mein Tag

Der Widder verhält sich wie ein kleines Kind. Er will unbeirrbar die Welt entdecken und hat vor nichts Angst. Er scheint die Gefahren des Lebens noch nicht zu kennen. Spontan geht er von Eroberung zu Eroberung und versucht dabei, seinen Willen durchzusetzen.

Entsprechend wirkt sich die Tagesenergie aus. Aktionismus und Ungeduld können den Tag stark beeinflussen. Aktivität und Neugierde fördern geschäftliche Verhandlungen und Verkaufsgespräche.

Der Widder braucht Aktivität, deshalb ist Sport jetzt besonders günstig.

Haben Sie schon einmal einen Widder gesehen, der den ganzen Tag ruhig in seinem Sessel sitzt und ein Buch liest? Das würde mich wundern, denn so etwas gibt es eigentlich nicht. Widderenergie ist immer mit Unruhe verbunden.

Als Feuerzeichen liebt der Widder die Liebe. Sie ist deshalb leidenschaftlicher.

Genießen Sie schöne Ausflugstage, denn sie fühlen sich an Feuertagen wärmer an, selbst bei bewölktem Himmel.

Der zunehmende Mond bestimmt, was heute im Haushalt leichter von der Hand geht: Das ist das Umräumen in der Wohnung. Das Backen von Brot, Kuchen und Gebäck wird heute mit besonders ansprechenden Ergebnissen belohnt.

Als Wärmetage sind Widdertage gut geeignet, um ausgiebig zu lüften. Die Betten können gut trocknen, das Raumklima bleibt trockener.

Mein Körper

Bei zunehmendem Mond ist es günstig, die Haut zu nähren. Sie nimmt die Nährstoffe jetzt besser auf. Zur Unterstützung der Haut empfehlen sich während dieser Mondphase Feuchtigkeitsmasken und aufbauende Kosmetik. Gesichtsmasken zur Straffung der Haut wirken besonders gut.

Eingewachsene Nägel korrigiert man am besten im zunehmenden Mond. Dann wachsen sie fast immer richtig nach.

Empfindlich sind an Widdertagen der Kopf, das Gehirn, die Augen und die Nase. Kopfschmerzen treten vermehrt auf. Meiden Sie deshalb Genussmittel wie Kaffee, Schokolade und Zucker und trinken Sie stattdessen klares Wasser, möglichst ohne Kohlensäure.

Bei zunehmendem Mond, noch mehr aber bei Vollmond und Neumond sollten Sie planbare Operationen vermeiden. Einen Sicherheitsabstand von drei Tagen bei Vollmond und einem Tag bei Neumond sollten Sie dabei beachten.

Achten Sie auf Eiweiß. Der Körper reagiert jetzt stärker darauf. Beobachten Sie eine Zeit lang Ihre Reaktionen auf Eiweiß und notieren Sie sie. Dann kennen Sie die individuellen Auswirkungen der Wärmetage auf Ihren Körper besser.

Bei zunehmendem Mond nimmt der Körper die Nahrung leichter auf. Vor allem Übergewichtige sollten nun weniger essen, denn reichhaltige Kost schlägt stärker an. Wo Mangelerscheinungen vorhanden sind, lassen sie sich im zunehmenden Mond gut ausgleichen.

Mein Lebensraum

Widdertage sind Wärmetage und damit zugleich Fruchttage. Sie eignen sich entsprechend der Jahreszeit gut zum Setzen und Säen von Pflanzen. Sammeln Sie jetzt Kräuter zum Trocknen, besonders solche gegen Kopfschmerzen und Augenleiden. Besonders wirksam sind Kräuter, die bei Neumond gesammelt werden. Der zunehmende Mond ist eine gute Zeit zum Umsetzen und Umtopfen.

Bertram

Bertram ist Bestandteil der Hildegard von Bingen Heilkunde. Er sieht so ähnlich wie unsere Kamille aus und sollte zur täglichen Ernährung gehören.

Man sagt ihm nach, er sei blutreinigend, verdauungsfördernd und stärke den Verstand. Bei Verschleimung im Kopf und als Augenmittel wird er gern eingesetzt. Seine Wirkung für diesen Anwendungsbereich ist an Widdertagen stärker im Vergleich zu anderen Tagen.

Sein Wirkungsbereich ist jedoch wesentlich universeller. Er ist wohl eine der umfassendsten Heilpflanzen. Gerade deshalb sollte er täglich als Gewürz eingesetzt werden, schon allein zur Vorbeugung.

Wie sagte bereits Hippokrates: »Eure Lebensmittel sollen Eure Heilmittel und Eure Heilmittel sollen Eure Lebensmittel sein.«

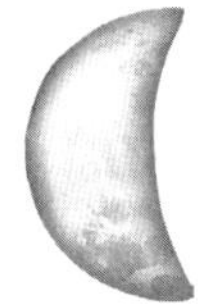

Der Widder im abnehmenden Mond

Der Widder steht für Entschlossenheit, Eigenwilligkeit, Tatkraft und Impulsivität.

Mein Tag

Der Widder verhält sich wie ein kleines Kind. Er will unbeirrbar die Welt entdecken und hat vor nichts Angst. Er scheint die Gefahren des Lebens noch nicht zu kennen. Spontan geht er von Eroberung zu Eroberung und versucht dabei, seinen Willen durchzusetzen.

Entsprechend wirkt sich die Tagesenergie aus. Aktionismus und Ungeduld können den Tag stark beeinflussen. Aktivität und Neugierde fördern geschäftliche Verhandlungen und Verkaufsgespräche.

Der Widder braucht Bewegung. Dazu kommt der abnehmende Mond, der die Bewegung auch unterstützt. Besonders Sport ist jetzt günstig, hier kann sich der Widder richtig austoben. Meist unternimmt er vieles gleichzeitig. Ausflüge und kulturelle Veranstaltungen sollten möglichst auf Widdertage gelegt werden.

Als Feuerzeichen liebt der Widder die Liebe. Sie ist deshalb leidenschaftlicher.

An Widdertagen fühlt sich das Wetter wärmer an (Wärmetag). Nutzen Sie auch bei bewölktem Himmel die Zeit für Aufenthalte im Freien.

Der abnehmende Mond unterstützt bei allen Hausarbeiten. Sie gehen müheloser und erfolgreicher von der Hand. Dies gilt besonders für alles, was mit Reinigen und Putzen zu tun hat. Führen Sie jetzt einen Großputz durch, ganz gleich ob bei Böden, Schuhen oder Fenstern. Ablagerungen und Kalk lassen sich ebenfalls leichter aus Haushaltsgeräten entfernen.

Wenn Sie jetzt Wäsche waschen, benötigen Sie weniger Waschmittel. Flecken bekommen Sie eher heraus, denn der abnehmende Mond nimmt alles mit, was fortgespült werden soll.

Als Wärmetage sind Widdertage gut geeignet, um ausgiebig zu lüften. Die Betten können gut trocknen, das Raumklima bleibt trockener.

Der abnehmende Mond ist günstig für Maler- und Lackierarbeiten. Die Farbe wird gut angenommen und der Anstrich hält viel länger.

Mein Körper

Die Herstellung von Salben und Kosmetik ist jetzt gut. Bei abnehmendem Mond verbinden sich die Inhaltsstoffe leichter.

Die Hautreinigung ist jetzt günstig. Das heißt, Gesichtspackungen und Spezialmasken entfalten eine hervorragende Wirkung.

Widdertage sind gut für die Haarpflege.

Operationen sind im abnehmenden Mond günstig, weil es fast keine Narbenbildung gibt. Operationen im Kopfbereich vermeiden Sie jedoch besser. Der Kopf, das Gehirn, die Augen und die Nase sind nämlich heute empfindlich.

Achten Sie bei Zahnbehandlungen auf die Details: Ungünstig sind Parodontose- und Zahnfleischbehandlungen, weil blutig (Eingriff in den Körper). Dagegen sind Zahnstein- und

Amalgamentfernung günstig (Reinigung). Es kommt also ganz auf die Art des Eingriffs an. Was blutig ist, sollte vermieden werden, Reinigendes und Verbindendes sind dagegen günstig.

Die Zeit des abnehmenden Mondes eignet sich zum Abnehmen und Reinigen des Körpers. Das geht am Besten mit Blutreinigungstees, Entwässerungstees und mit klarem Wasser ohne Kohlensäure. An Widdertagen besteht ein erhöhtes Verlangen nach klarem Wasser. Damit beugen Sie Migräne und Kopfschmerzen vor. Vermeiden Sie an diesen Tagen Genussmittel wie Kaffee, Alkohol, Schokolade und Zucker.

Achten Sie auf Eiweiß. Der Körper reagiert jetzt stärker darauf. Beobachten Sie eine Zeit lang Ihre Reaktionen auf Eiweiß und notieren Sie sie. Dann kennen Sie die individuellen Auswirkungen der Wärmetage auf Ihren Körper besser.

Reichhaltige Kost schlägt im abnehmenden Mond weniger an. Untergewichtige sollten mehr essen. Jetzt ist der optimale Zeitpunkt für Feiern, bei denen viel gegessen wird. Die Auswirkungen sind geringer und die Kleidergröße verändert sich nicht so schnell nach oben.

Mein Lebensraum

Widdertage sind Wärmetage und damit zugleich Fruchttage. Sie eignen sich entsprechend der Jahreszeit gut zum Setzen und Säen von Pflanzen. Sammeln Sie jetzt Kräuter zum Trocknen, besonders solche gegen Kopfschmerzen und Augenleiden.

Ohrkerzen

Die Magie des Feuers hat die Menschen schon immer fasziniert. Ohrkerzen sind ein indianisches Naturmittel, bei dem diese Faszination lebendig wird.

Ohrkerzen sind etwa einen Zentimeter dicke Röhrchen aus Baumwolle, die mit Bienenwachs und Kräutern getränkt sind. Sie sind hohl und werden auf das Ohr aufgesetzt, nachdem sie oben angezündet wurden. Wenn die etwas über 20 Zentimeter langen Stäbchen bis auf ein Viertel abgebrannt sind, werden sie vom Ohr abgenommen und abgelöscht.

Ohrkerzen sind ein wunderbares Mittel zur Entspannung. Sie wirken auf energetischer Ebene auf den Körper und werden deshalb in ihrer Wirkung von der Schulmedizin nicht anerkannt.

Wenn Sie nach einem anstrengenden und arbeitsreichen Tag zur Ruhe kommen wollen, dann lohnt es sich, mit einem Paar Ohrkerzen einmal so richtig zu entspannen.

Die Wirkung ist natürlich an Stiertagen wesentlich intensiver.

Es gibt viele positive Erfahrungen bei Ohrproblemen, die sie bei ihrem Naturheilarzt oder Heilpraktiker erfahren.

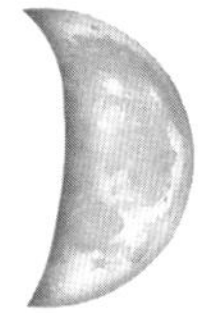

Der Stier im zunehmenden Mond

Der Stier steht für Bodenständigkeit, Realitätssinn, Besitz und Genuss.

Mein Tag

Der Stier ist erdverbunden und gemütlich, ein richtiger Genießer. Ein ruhig auf der Weide grasender Stier, dem nichts etwas anhaben kann, kann ein Sinnbild dafür sein.

Stiertage bieten sich für die Schaffung einer tragfähigen Lebensgrundlage an. Ausdauer und Überblick fallen leicht. Geldangelegenheiten, Vermögen und Güter lassen sich dank des ausgeprägten Realitätssinns besser als an anderen Tagen ordnen.

Kulinarische Genüsse streicheln die Seele an Stiertagen mehr als sonst. Hobbys und Entspannung stehen heute auf dem Programm.

Stiertage sind Erdtage und fühlen sich kühler an. Achten Sie bei Beschäftigungen im Freien deshalb auf angemessene Kleidung.

Der zunehmende Mond bestimmt, was heute im Haushalt leichter von der Hand geht: Das ist das Umräumen in der Wohnung. Das Backen von Brot, Kuchen und Gebäck wird heute mit besonders ansprechenden Ergebnissen belohnt.

Besonders im Winter sollte man an Stiertagen öfters kürzer

lüften, um Heizkosten zu sparen. Achten Sie beim Lüften darauf, dass Sie möglichst alle Fenster und Türen öffnen und die Luft richtig durchziehen kann. Die Luftfeuchtigkeit wird selbst bei nassem Wetter schnell sinken. Sie verbessern das Klima und verhindern Schimmelbildung in den Räumen.

Mein Körper

Bei zunehmendem Mond ist es günstig, die Haut zu nähren. Sie nimmt die Nährstoffe jetzt besser auf. Zur Unterstützung der Haut empfehlen sich während dieser Mondphase Feuchtigkeitsmasken und aufbauende Kosmetik. Gesichtsmasken zur Straffung der Haut wirken besonders gut.

Eingewachsene Nägel korrigiert man am besten im zunehmenden Mond. Dann wachsen sie fast immer richtig nach.

Empfindlich sind an Stiertagen der Kopf und der Hals. Auch können vermehrt Kopfschmerzen auftreten. Meiden Sie deshalb Genussmittel wie Kaffee, Schokolade und Zucker und trinken Sie stattdessen klares Wasser, möglichst ohne Kohlensäure.

Bei zunehmendem Mond, noch mehr aber bei Vollmond und Neumond sollten Sie planbare Operationen vermeiden. Einen Sicherheitsabstand von drei Tagen bei Vollmond und einem Tag bei Neumond sollten Sie dabei beachten.

Achtung: Zähne sind jetzt empfindlicher! Es können Zahnschmerzen auftreten, die bei Mondwechsel in die Zwillinge wieder verschwinden. Achten Sie auf Ihre Stimme, Ihren Hals und halten Sie Ihren Nacken warm.

Achten Sie auf Salz. Der Körper reagiert jetzt stärker darauf. Beobachten Sie eine Zeit lang Ihre Reaktionen auf Salz und notieren Sie sie. Dann kennen Sie die individuellen Auswirkungen der Erdtage auf Ihren Körper besser.

Bei zunehmendem Mond nimmt der Körper die Nahrung leichter auf. Vor allem Übergewichtige sollten nun weniger essen, denn reichhaltige Kost schlägt stärker an. Wo Mangelerscheinungen vorhanden sind, lassen sie sich im zunehmenden Mond gut ausgleichen.

Mein Lebensraum

Als Erdtag ist der Stiertag ein Wurzeltag. Entsprechend den saisonalen Gegebenheiten bietet er sich zum Säen von Wurzelgemüsen wie Radieschen und Kohlrabi an.

Sammeln Sie jetzt Kräuter gegen Ohrenleiden und Halsschmerzen.

Zunehmender Mond ist eine gute Zeit zum Umsetzen und Umtopfen.

Salbei

Salbei ist Bestandteil der Hildegard von Bingen Heilkunde. Er fühlt sich in heimischen Gärten wohl und kann sich voluminös verbreiten.

Salbei sagt man eine zusammenziehende und desinfizierende Wirkung nach. Bei Halsentzündungen wird er deshalb gern eingesetzt. Seine Wirkung für diesen Anwendungsbereich ist an Stiertagen stärker im Vergleich zu anderen Tagen.

Aufgrund seiner Vielseitigkeit ist er durchaus als Allheilmittel zu sehen. Schwangere sollten ihn meiden.

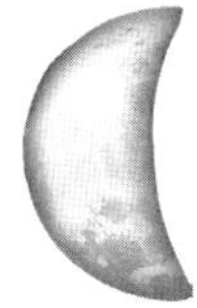

Der Stier im abnehmenden Mond

Der Stier steht für Bodenständigkeit, Realitätssinn, Besitz und Genuss.

Mein Tag

Der Stier ist erdverbunden und gemütlich, ein richtiger Genießer. Ein ruhig auf der Weide grasender Stier, dem nichts etwas anhaben kann, kann ein Sinnbild dafür sein.

Stiertage bieten sich für die Schaffung einer tragfähigen Lebensgrundlage an. Ausdauer und Überblick fallen leicht. Geldangelegenheiten, Vermögen und Güter lassen sich dank des ausgeprägten Realitätssinns besser als an anderen Tagen ordnen.

Kulinarische Genüsse streichen die Seele an Stiertagen mehr als sonst. Bei abnehmendem Mond darf es auch einmal etwas großzügiger sein. Hobbys und Entspannung stehen heute auf dem Programm.

Stiertage sind Erdtage und fühlen sich kühler an. Achten Sie bei Beschäftigungen im Freien deshalb auf angemessene Kleidung.

Der abnehmende Mond unterstützt bei allen Hausarbeiten. Sie gehen müheloser und erfolgreicher von der Hand. Dies gilt besonders für alles, was mit Reinigen und Putzen zu tun hat. Führen Sie jetzt einen Großputz durch, ganz gleich ob bei Böden, Schuhen oder Fenstern. Ablagerungen und Kalk lassen

sich ebenfalls leichter aus Haushaltsgeräten entfernen.

Wenn Sie jetzt Wäsche waschen, benötigen Sie weniger Waschmittel. Flecken bekommen Sie eher heraus, denn der abnehmende Mond nimmt alles mit, was fortgespült werden soll.

Der abnehmende Mond ist günstig für Maler- und Lackierarbeiten. Die Farbe wird gut angenommen und der Anstrich hält viel länger.

Besonders im Winter sollte man an Stiertagen kürzer lüften, um Heizkosten zu sparen. Achten Sie beim Lüften darauf, dass Sie möglichst alle Fenster und Türen öffnen und die Luft richtig durchziehen kann. Die Luftfeuchtigkeit wird selbst bei nassem Wetter schnell sinken. Sie verbessern das Klima und verhindern Schimmelbildung in den Räumen.

Mein Körper

Die Herstellung von Salben und Kosmetik ist jetzt gut. Bei abnehmendem Mond verbinden sich die Inhaltsstoffe leichter.

Die Hautreinigung ist jetzt günstig. Das heißt, Gesichtspackungen und Spezialmasken entfalten eine hervorragende Wirkung.

Operationen sind im abnehmenden Mond günstig, weil es fast keine Narbenbildung gibt. Operationen im Kopf- und Halsbereich vermeiden Sie jedoch besser. Der Kopf und der Hals sind nämlich heute empfindlich.

Auch die Zähne sind jetzt empfindlicher. Es können Zahnschmerzen auftreten, die bei Mondwechsel in die Zwillinge wieder verschwinden. Zahnstein- und Amalgamentfernungen sind aber trotzdem günstig.

Die Zeit des abnehmenden Mondes eignet sich zum Abnehmen und Reinigen des Körpers. Das geht am Besten mit

Blutreinigungstees, Entwässerungstees und mit klarem Wasser ohne Kohlensäure.

Achten Sie auf Salz. Der Körper reagiert jetzt stärker darauf. Beobachten Sie eine Zeit lang Ihre Reaktionen auf Salz und notieren Sie sie. Dann kennen Sie die individuellen Auswirkungen der Erdtage auf Ihren Körper besser.

Reichhaltige Kost schlägt im abnehmenden Mond weniger an. Untergewichtige sollten mehr essen.

Mein Lebensraum

Als Erdtag ist der Stiertag ein Wurzeltag. Entsprechend den saisonalen Gegebenheiten bietet er sich zum Säen von Wurzelgemüsen wie Radieschen und Kohlrabi an.

Sammeln Sie jetzt Kräuter gegen Ohrenleiden und Halsschmerzen.

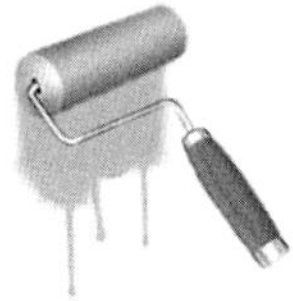

Die Organuhr

Die chinesische Philosophie geht davon aus, dass die verschiedenen Elemente des menschlichen Körpers zu unterschiedlichen Tageszeiten besonders aktiv sind. Diese Zuordnung nennt man »Organuhr«.

Wenn Sie zum Beispiel immer nachts gegen vier Uhr schlecht schlafen, könnte ein Problem mit der Lunge die Ursache dafür sein. Mit diesem Anhaltspunkt kommen Sie bei einem ganzheitlichen Therapeuten bestimmt weiter.

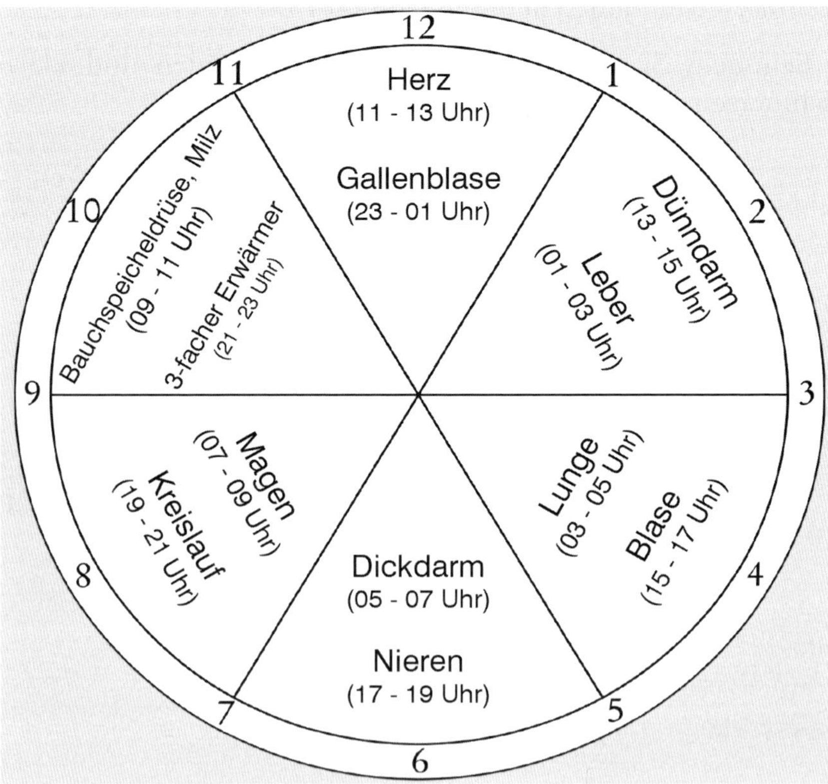

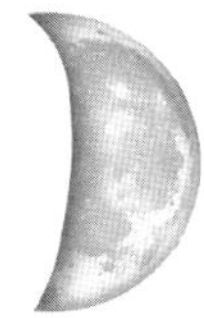

Die Zwillinge im zunehmenden Mond

Die Zwillinge stehen für Bewegung, Kommunikation und Flexibilität.

Mein Tag

Zwillinge sind aufgeschlossen, neugierig und immer in Bewegung. Geschäftsbeziehungen und Kontakte lassen sich deshalb an Zwillingstagen leicht ausbauen. Es fällt Ihnen leichter, anderen Ihr Anliegen darzustellen.

Zwillingstage eignen sich besonders für Werbung, Konferenzen, Besprechungen und alle Formen von Kommunikation.

Weil sich heute Kontakte gut knüpfen und pflegen lassen, sind Theaterbesuche, Partys, Kurzreisen und gesellschaftliche Ereignisse passende Freizeitbeschäftigungen.

An Zwillingstagen fällt es leichter, schwer Verständliches zu erfassen und Verborgenes zu erkennen. Lesen und Lernen bereiten mehr Vergnügen.

Als Lichttage führen die Zwillinge zu größerer Lichtempfindlichkeit.

Im Haushalt geht heute nur das Umräumen in der Wohnung leichter von der Hand.

Als Lufttage bieten sich die Zwillingstage außerdem an, um ausgiebig zu lüften.

Mein Körper

Bei zunehmendem Mond ist es günstig, die Haut zu nähren. Sie nimmt die Nährstoffe jetzt besser auf. Zur Unterstützung der Haut empfehlen sich während dieser Mondphase Feuchtigkeitsmasken und aufbauende Kosmetik. Gesichtsmasken zur Straffung der Haut wirken besonders gut.

Eingewachsene Nägel korrigiert man am besten im zunehmenden Mond. Dann wachsen sie fast immer richtig nach.

Empfindlich sind an Zwillingstagen die Schultern, die Arme, die Hände und die Lunge. Auch das Zähneziehen sollte heute vermieden werden.

Bei zunehmendem Mond, noch mehr aber bei Vollmond und Neumond, sollten Sie planbare Operationen vermeiden. Einen Sicherheitsabstand von drei Tagen bei Vollmond und einem Tag bei Neumond sollten Sie dabei beachten.

Rheuma tritt verstärkt auf, lässt sich jetzt aber mit Kräutersalben gut behandeln. Empfindliche Menschen achten auf ausreichende Kleidung.

Die Zwillingstage eignen sich gut für Aufbautrainings durch Laufen oder Gymnastik und zu Atemübungen.

Achten Sie auf Fett. Der Körper reagiert jetzt stärker darauf. Beobachten Sie eine Zeit lang Ihre Reaktionen auf Fett und notieren Sie sie. Dann kennen Sie die individuellen Auswirkungen der Lufttage auf Ihren Körper besser.

Bei zunehmendem Mond nimmt der Körper die Nahrung leichter auf. Vor allem Übergewichtige sollten nun weniger essen, denn reichhaltige Kost schlägt stärker an. Wo Mangelerscheinungen vorhanden sind, lassen sie sich im zunehmenden Mond gut ausgleichen.

Mein Lebensraum

Als Blütentage eignen sich die Zwillingstage entsprechend der Jahreszeiten zum Setzen und Säen von Blumen, Kräutern, Rank- und Kletterpflanzen.

Zunehmender Mond ist eine gute Zeit zum Umsetzen und Umtopfen.

Sammeln Sie jetzt Kräuter gegen Verspannung im Schulterbereich und zur Inhalation bei Lungenleiden.

Brennnessel

Die Brennnessel ist Bestandteil der Hildegard von Bingen Heilkunde. Sie wird bei Verschleimung der Atmungsorgane und Lungenleiden eingesetzt. Ihre Wirkung für diesen Anwendungsbereich ist an Zwillingstagen stärker im Vergleich zu anderen Tagen.

Bekannt ist sie in Shampoos zur Förderung des Haarwuchses und zur Vermeidung der Schuppenbildung.

Weitere Anwendungsgebiete sind: Unterstützung des Stoffwechsels, Harnwegsproblemen, Appetitslosigkeit, Magenschwäche, …

Die Brennnessel wird im Garten eher als störend gesehen, wegen ihrer brennenden Eigenschaft. Zu einem Kräutergarten gehört sie dennoch unbedingt dazu. Zumal sie relativ anspruchslos ist, also besonders pflegeleicht, und fast überall wächst.

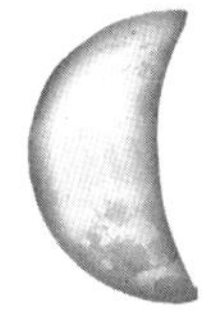

Die Zwillinge im abnehmenden Mond

Die Zwillinge stehen für Bewegung, Kommunikation und Flexibilität.

Mein Tag

Zwillinge sind aufgeschlossen, neugierig und immer in Bewegung. Geschäftsbeziehungen und Kontakte lassen sich deshalb an Zwillingstagen leicht ausbauen. Es fällt Ihnen leichter, anderen Ihr Anliegen darzustellen.

Zwillingstage eignen sich besonders für Werbung, Konferenzen, Besprechungen und alle Formen von Kommunikation.

Weil sich heute Kontakte gut knüpfen und pflegen lassen, sind Theaterbesuche, Partys, Kurzreisen und gesellschaftliche Ereignisse passende Freizeitbeschäftigungen.

An Zwillingstagen fällt es leichter, schwer Verständliches zu erfassen und Verborgenes zu erkennen. Lesen und Lernen bereiten mehr Vergnügen.

Als Lichttage führen die Zwillinge zu größerer Lichtempfindlichkeit.

Der abnehmende Mond unterstützt bei allen Hausarbeiten. Sie gehen müheloser und erfolgreicher von der Hand. Dies gilt besonders für alles, was mit Reinigen und Putzen zu tun hat. Führen Sie jetzt einen Großputz durch, ganz gleich ob bei Böden, Schuhen oder Fenstern. Ablagerungen und Kalk lassen

sich ebenfalls leichter aus Haushaltsgeräten entfernen.

Wenn Sie jetzt Wäsche waschen, benötigen Sie weniger Waschmittel. Flecken bekommen Sie eher heraus, denn der abnehmende Mond nimmt alles mit, was fortgespült werden soll.

Als Lufttage bieten sich die Zwillingstage an, um ausgiebig zu lüften.

Der abnehmende Mond ist günstig für Maler- und Lackierarbeiten. Die Farbe wird gut angenommen und der Anstrich hält viel länger.

Mein Körper

Die Herstellung von Salben und Kosmetik ist jetzt gut. Bei abnehmendem Mond verbinden sich die Inhaltsstoffe leichter.

Die Hautreinigung ist jetzt günstig. Das heißt, Gesichtspackungen und Spezialmasken entfalten eine hervorragende Wirkung.

Operationen sind im abnehmenden Mond günstig, weil es fast keine Narbenbildung gibt. Operationen an den Schultern, den Armen, den Händen und der Lunge vermeiden Sie jedoch besser. Sie sind heute empfindlich.

Zahnstein- und Amalgamentfernungen sind günstig, ebenso das Einsetzen von Plomben, Kronen und Brücken. Das Zähneziehen sollte jedoch vermieden werden.

Die Zeit des abnehmenden Mondes eignet sich zum Abnehmen und Reinigen des Körpers. Das geht am Besten mit Blutreinigungstees, Entwässerungstees und mit klarem Wasser ohne Kohlensäure.

Empfindliche Menschen achten auf ausreichende Kleidung.

Die Zwillingstage eignen sich gut für Aufbautrainings durch

Laufen oder Gymnastik und für Atemübungen.

Achten Sie auf Fett. Der Körper reagiert jetzt stärker darauf. Beobachten Sie eine Zeit lang Ihre Reaktionen auf Fett und notieren Sie sie. Dann kennen Sie die individuellen Auswirkungen der Lufttage auf Ihren Körper besser.

Reichhaltige Kost schlägt im abnehmenden Mond weniger an. Untergewichtige sollten mehr essen.

Jetzt ist der beste Zeitpunkt für Feiern, bei denen viel gegessen wird. Die Auswirkungen sind geringer und die Kleidergröße verändert sich nicht so schnell nach oben.

Mein Lebensraum

Als Blütentage eignen sich die Zwillingstage entsprechend der Jahreszeiten zum Setzen und Säen von Blumen und Kräutern, außerdem zum Düngen von Blumen, die nicht recht blühen wollen.

Ein jetzt gemähter Rasen wächst langsamer nach.

Sammeln Sie jetzt Kräuter gegen Verspannungen im Schulterbereich und zur Inhalation bei Lungenleiden.

Lauchtorte mit Münsterkäse

Für eine Springform mit 30 cm Durchmesser:

Teig: 250 g Mehl, 125 g Butter, 2 EL Wasser oder Weißwein, 1 Ei, 1 Prise Salz (alternativ: fertiger Blätterteig).

Belag: 750 g Lauch, 400 g Tomaten, 250 g echten Münsterkäse, 200 g Creme fraîche, 5 Knoblauchzehen, 3 EL Paniermehl, 1 Ei, Salz, Pfeffer, Muskat, Sonnenblumenöl.

Den Mürbteig nach Grundrezept herstellen oder den Blätterteig auftauen.

Teig dünn ausrollen und in einer Springform auslegen. Einen etwa 3 cm hohen Rand formen. Lauch säubern und in dünne Scheiben schneiden, Tomaten in Scheiben schneiden.

Den Lauch in etwas Sonnenblumenöl anbraten, dabei mehrmals wenden. Gepressten Knoblauch zugeben und das Ganze mit Gewürzen abschmecken.

Den Lauch und die Tomaten auf den Teig schichten, die Creme fraîche mit dem Ei verquirlen und auf dem Gemüse verteilen.

Den Käse in dünne Scheiben schneiden und auf die Masse legen.

Im vorgeheizten Backofen bei 200 °C auf mittlerer Schiene ca. 40 Minuten backen.

Dazu passt ein Weißwein oder ein leichter Roséwein.

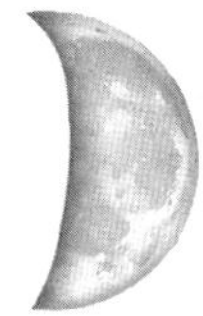

Der Krebs im zunehmenden Mond

Der Krebs steht für Zurückgezogenheit, Gefühle und Stimmungsschwankungen.

Mein Tag

Krebstage sind vor allem Tage der Zurückgezogenheit. Im Berufsleben kommt Ihnen heute besonders die verstärkte emotionale Wahrnehmungsfähigkeit zugute. Bei geschäftlichen und finanziellen Verhandlungen kann dies nützlich sein. Wichtige Abschlüsse verschiebt man aber besser auf einen anderen Tag.

An Krebstagen ist man launischer. Berücksichtigen Sie dies, wenn Sie über die Menschen in Ihrer Umgebung urteilen.

Im Kreise der Familie oder von guten Freunden fühlt man sich an Krebstagen besonders wohl. Dort kann man entspannen und träumen.

In der Liebe besteht heute ein Drang zur Zärtlichkeit und Anlehnung.

Bei Aktivitäten im Freien sollte man sich darauf einstellen, dass es an Wassertagen wie heute häufiger regnet oder schneit.

Der zunehmende Mond bestimmt, was heute im Haushalt leichter von der Hand geht: Das ist das Umräumen in der Wohnung.

Betten und Matratzen lüften Sie heute besser nicht zu lange: Die Feuchtigkeit bleibt drin. Warten Sie lieber noch bis zu den Löwetagen. Achten Sie beim allgemeinen Lüften darauf, dass Sie möglichst alle Fenster und Türen öffnen und die Luft richtig durchziehen kann. Die Luftfeuchtigkeit wird selbst bei nassem Wetter schnell sinken. Sie verbessern das Klima und verhindern Schimmelbildung in den Räumen.

Mein Körper

Bei zunehmendem Mond ist es günstig, die Haut zu nähren. Sie nimmt die Nährstoffe jetzt besser auf. Zur Unterstützung der Haut empfehlen sich während dieser Mondphase Feuchtigkeitsmasken und aufbauende Kosmetik. Gesichtsmasken zur Straffung der Haut wirken besonders gut.

Für Friseurbesuche sind Krebstage weniger geeignet. Die Haare werden struppig und widerspenstig.

Alle Maßnahmen zum Aufbau des Körpers sind günstig, Mangelerscheinungen lassen sich besser beheben.

Bei zunehmendem Mond, noch mehr aber bei Vollmond und Neumond, sollten Sie planbare Operationen vermeiden. Einen Sicherheitsabstand von drei Tagen bei Vollmond und einem Tag bei Neumond sollten Sie dabei beachten.

Empfindlich sind an Krebstagen die Brust, die Lunge, die Leber und die Galle.

Eingewachsene Nägel korrigiert man am besten im zunehmenden Mond. Dann wachsen sie fast immer richtig nach.

An Krebstagen ist die Leber empfindlicher als üblich. Seien Sie deshalb vorsichtig beim Alkoholgenuss und bei der Einnahme von Medikamenten.

Aufstoßen und Sodbrennen kommen an Krebstagen häufiger vor, greifen Sie deshalb bei Magenbeschwerden auf leichte Kost zurück.

Achten Sie auf Kohlenhydrate. Der Körper reagiert jetzt stärker darauf. Beobachten Sie eine Zeit lang Ihre Reaktionen auf Kohlenhydrate und notieren Sie sie. Dann kennen Sie die individuellen Auswirkungen der Wassertage auf Ihren Körper besser.

Bei zunehmendem Mond nimmt der Körper die Nahrung leichter auf. Vor allem Übergewichtige sollten nun weniger essen, denn reichhaltige Kost schlägt stärker an. Wo Mangelerscheinungen vorhanden sind, lassen sie sich im zunehmenden Mond gut ausgleichen.

Mein Lebensraum

Krebstage sind Wassertage und damit zugleich Blatttage. Sie eignen sich entsprechend der Jahreszeit zum Setzen und Säen von Blattgemüse wie Spinat, Mangold und Lauch.

Gießen und sparsames Düngen führen in dieser Mondphase zu einem schönen Pflanzenwachstum.

Sammeln Sie Kräuter gegen Bronchitis, Magen-, Leber- und Gallenbeschwerden und Lungenleiden.

Schafgarbe

Die Schafgarbe ist Bestandteil der Hildegard von Bingen Heilkunde. Sie gilt als blutstillend und krampflösend. Bereits im Altertum nutzte man ihre Heilkräfte zur Wundheilung und zum Stillen von Blutungen.

Weitere Anwendungsbereiche sind zum Beispiel: Gallenbeschwerden, Gallenkoliken, Magen-Darm-Beschwerden, Schleimhautentzündungen, …

Ihre Wirkung für diesen Anwendungsbereich ist an Krebstagen stärker im Vergleich zu anderen Tagen.

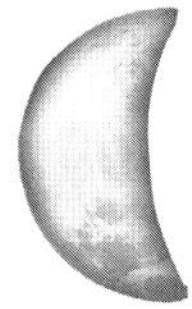

Der Krebs im abnehmenden Mond

Der Krebs steht für Zurückgezogenheit, Gefühle und Stimmungsschwankungen.

Mein Tag

Krebstage sind vor allem Tage der Zurückgezogenheit. Im Berufsleben kommt Ihnen heute besonders die verstärkte emotionale Wahrnehmungsfähigkeit zugute. Bei geschäftlichen und finanziellen Verhandlungen kann dies nützlich sein. Wichtige Abschlüsse verschiebt man aber besser auf einen anderen Tag.

An Krebstagen ist man launischer. Berücksichtigen Sie dies, wenn Sie über die Menschen in Ihrer Umgebung urteilen.

Im Kreise der Familie oder von guten Freunden fühlt man sich an Krebstagen besonders wohl. Dort kann man entspannen und träumen.

In der Liebe besteht heute ein Drang zur Zärtlichkeit und Anlehnung.

Bei Aktivitäten im Freien sollte man sich darauf einstellen, dass es an Wassertagen wie heute häufiger regnet oder schneit.

Der abnehmende Mond unterstützt bei allen Hausarbeiten. Sie gehen müheloser und erfolgreicher von der Hand. Dies gilt besonders für alles, was mit Reinigen und Putzen zu tun hat. Führen Sie jetzt einen Großputz durch, ganz gleich ob bei Böden, Schuhen oder Fenstern. Ablagerungen und Kalk lassen

sich ebenfalls leichter aus Haushaltsgeräten entfernen.

Das Wäschewaschen liefert heute besonders gute Ergebnisse. Der abnehmende Mond sorgt dafür, dass Sie weniger Waschmittel benötigen. Bei besonders hartnäckigen Flecken helfen die Eigenschaften des Krebstags beim Entfernen.

Betten und Matratzen lüften Sie heute besser nicht zu lange: Die Feuchtigkeit bleibt drin. Warten Sie lieber noch bis zu den Löwetagen. Achten Sie beim allgemeinen Lüften darauf, dass Sie möglichst alle Fenster und Türen öffnen und die Luft richtig durchziehen kann. Die Luftfeuchtigkeit wird selbst bei nassem Wetter schnell sinken. Sie verbessern das Klima und verhindern Schimmelbildung in den Räumen.

Maler- und Lackierarbeiten führen an Krebstagen selten zu guten Ergebnissen, auch nicht im abnehmenden Mond, vermeiden Sie diese Tätigkeiten lieber.

Mein Körper

Die Herstellung von Salben und Kosmetik ist jetzt gut. Bei abnehmendem Mond verbinden sich die Inhaltsstoffe leichter.

Die Hautreinigung ist jetzt günstig. Das heißt, Gesichtspackungen und Spezialmasken entfalten eine hervorragende Wirkung.

Für Friseurbesuche sind Krebstage weniger geeignet. Die Haare werden struppig und widerspenstig.

Operationen sind im abnehmenden Mond günstig, weil es fast keine Narbenbildung gibt. Operationen im Brustbereich, an der Lunge, der Leber und der Galle vermeiden Sie jedoch besser. Sie sind nämlich heute empfindlich.

Zahnstein- und Amalgamentfernungen sind günstig, ebenso das Einsetzen von Plomben, Kronen und Brücken.

Die Zeit des abnehmenden Mondes eignet sich zum Abnehmen und Reinigen des Körpers. Das geht am besten mit Blutreinigungstees, Entwässerungstees und mit klarem Wasser ohne Kohlensäure.

An Krebstagen ist die Leber empfindlicher als üblich. Seien Sie deshalb vorsichtig beim Alkoholgenuss und bei der Einnahme von Medikamenten.

Aufstoßen und Sodbrennen kommen an Krebstagen häufiger vor, greifen Sie deshalb bei Magenbeschwerden auf leichte Kost zurück.

Achten Sie auf Kohlenhydrate. Der Körper reagiert jetzt stärker darauf. Beobachten Sie eine Zeit lang Ihre Reaktionen auf Kohlenhydrate und notieren Sie sie. Dann kennen Sie die individuellen Auswirkungen der Wassertage auf Ihren Körper besser.

Reichhaltige Kost schlägt im abnehmenden Mond weniger an. Untergewichtige sollten mehr essen.

Mein Lebensraum

Krebstage sind Wassertage und damit zugleich Blatttage. Sie eignen sich entsprechend der Jahreszeit zum Setzen und Säen von Blattgemüse wie Spinat, Mangold und Lauch.

Gießen und Düngen führen in dieser Mondphase zu einem schönen Pflanzenwachstum.

Sammeln Sie Kräuter gegen Bronchitis, Magen-, Leber- und Gallenbeschwerden und Lungenleiden.

Eine Anmerkung zu Operationen

In diesem Buch und im ROMANUS Mondkalender finden Sie Hinweise, an welchen Tagen Operationen günstig sind und an welchen Sie besser darauf verzichten sollten.

Immer wieder höre ich in meinen Vorträgen und Seminaren, dass beim zuständigen Arzt solche Termine nicht zu bekommen sind. Es werden bestimmte Termine vorgegeben, ganz gleich, ob es Ihnen passt oder nicht. Was kann man da tun?

Ich bin der Meinung, hier sollte man den Arzt wechseln. Ärzte sind Dienstleister für Ihre Gesundheit und dazu gehört auch, Sie und Ihre Wünsche und Anliegen ernst zu nehmen und zu berücksichtigen. Ein Arzt, der schon bei der Terminwahl auf Sie eingeht, geht wohl auch während der ganzen Behandlung mehr auf Sie ein – und genau das wünschen Sie sich ja.

Bevor man sich einer Operation unterzieht, sollte man sich ohnehin davon überzeugt haben, dass sie auch wirklich nötig ist. Nicht alle Operationen, die durchgeführt werden, sind medizinisch notwendig. Lesen Sie dazu zum Beispiel einmal das Buch »Was Ärzte Ihnen nicht erzählen« von Lynne McTaggart. Übrigens hat man natürlich immer die Möglichkeit, sich bei einem weiteren Arzt eine zweite Meinung einzuholen, auch wenn es etwas kostet sollte.

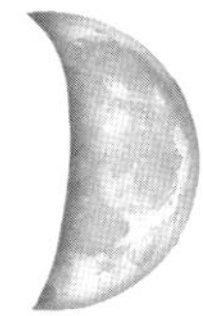

Der Löwe im zunehmenden Mond

Der Löwe steht für Selbstbewusstsein, Kreativität und Großzügigkeit.

Mein Tag

An Löwetagen ist man selbstbewusst und kreativ. Nutzen Sie dies für Werbung und ähnliche Aktivitäten.

Beim Autofahren ist an Löwetagen allerdings mehr Vorsicht geboten als an anderen Tagen: Man überschätzt gern seine Fähigkeiten.

An Löwetagen ist man herzlich und möchte genießen. Nutzen Sie dies zu wohltuenden Besuchen bei Verwandten und Freunden.

Kulturelle Veranstaltungen wie Musikevents, Feste und Opernbesuche sind jetzt besonders angenehm und unterhaltsam.

Die Liebe ist an allen Feuertagen besonders leidenschaftlich, also auch jetzt.

Löwetage bieten sich für schöne und erlebnisreiche Ausflüge an. Allerdings ist auch der Durst heute besonders groß. Eine gewisse Tendenz zu Gewittern sollte eingeplant werden.

Der zunehmende Mond bestimmt, was heute im Haushalt leichter von der Hand geht: Das ist das Umräumen in der Wohnung. Das Backen von Brot, Kuchen und Gebäck wird heute mit besonders ansprechenden Ergebnissen belohnt.

Als Wärmetage sind Löwetage gut geeignet, um ausgiebig zu lüften. Die Betten können gut trocknen, das Raumklima bleibt trockener.

Maler- und Lackierarbeiten führen an Löwetagen zu keinen guten Ergebnissen.

Mein Körper

Bei zunehmendem Mond ist es günstig, die Haut zu nähren. Sie nimmt die Nährstoffe jetzt besser auf. Zur Unterstützung der Haut empfehlen sich während dieser Mondphase Feuchtigkeitsmasken und aufbauende Kosmetik. Gesichtsmasken zur Straffung der Haut wirken besonders gut.

Wenn Sie an Löwetagen zum Friseur gehen, werden die Haare meist fülliger und wachsen stärker. Dauerwellen werden dagegen kraus. Haarkuren sind jetzt ebenfalls empfehlenswert. Löwetage bieten sich auch für den ersten Haarschnitt von Kleinkindern an.

Eingewachsene Nägel korrigiert man am besten im zunehmenden Mond. Dann wachsen sie fast immer richtig nach.

Empfindlich sind an Löwetagen das Zwerchfell, der Rücken und das Herz. Betroffene spüren an diesen Tagen ihre Herzprobleme stärker.

An Löwetagen sind schlaflose Nächte besonders häufig.

Bei zunehmendem Mond, noch mehr aber bei Vollmond und Neumond sollten Sie planbare Operationen vermeiden. Einen Sicherheitsabstand von drei Tagen bei Vollmond und einem Tag bei Neumond sollten Sie dabei beachten.

Achten Sie auf Eiweiß. Der Körper reagiert jetzt stärker darauf. Beobachten Sie eine Zeit lang Ihre Reaktionen auf Eiweiß und notieren Sie sie. Dann kennen Sie die individuellen Auswirkungen der Wärmetage auf Ihren Körper besser.

Bei zunehmendem Mond nimmt der Körper die Nahrung leichter auf. Vor allem Übergewichtige sollten nun weniger essen, denn reichhaltige Kost schlägt stärker an. Wo Mangelerscheinungen vorhanden sind, lassen sie sich im zunehmenden Mond gut ausgleichen.

Mein Lebensraum

Löwetage sind Wärmetage und damit zugleich Fruchttage. Sie eignen sich entsprechend der Jahreszeit gut zum Setzen und Säen von Pflanzen. Dies gilt jedoch nicht für solche Pflanzen, die viel Wasser benötigen.

Sammeln Sie jetzt Kräuter gegen Herz- und Kreislaufbeschwerden.

Der zunehmende Mond ist eine gute Zeit zum Umsetzen und Umtopfen.

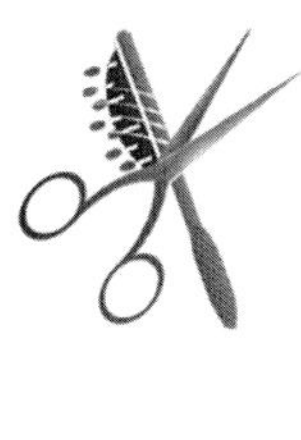

Galgant

Hildegard von Bingen empfiehlt ihn besonders allen, die mehr Kraft im Herzen brauchen. Der Galgant ist wertvoll zur Kräftigung der Herzmuskelkontraktionen, begünstigt die Herzfrequenz und lindert Herzschmerzen.

Seine Wirkung für diesen Anwendungsbereich ist an Löwetagen stärker im Vergleich zu anderen Tagen.

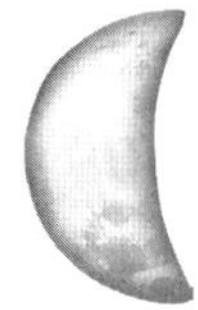

Der Löwe im abnehmenden Mond

Der Löwe steht für Selbstbewusstsein, Kreativität und Großzügigkeit.

Mein Tag

An Löwetagen ist man selbstbewusst und kreativ. Nutzen Sie dies für Werbung und ähnliche Aktivitäten.

Beim Autofahren ist an Löwetagen allerdings mehr Vorsicht geboten als an anderen Tagen: Man überschätzt gern seine Fähigkeiten.

An Löwetagen ist man herzlich und möchte genießen. Nutzen Sie dies zu wohltuenden Besuchen bei Verwandten und Freunden.

Kulturelle Veranstaltungen wie Musikevents, Feste und Opernbesuche sind jetzt besonders angenehm und unterhaltsam.

Die Liebe ist an allen Feuertagen besonders leidenschaftlich, also auch jetzt.

Löwetage bieten sich für schöne und erlebnisreiche Ausflüge an. Allerdings ist auch der Durst heute besonders groß. Eine gewisse Tendenz zu Gewittern sollte eingeplant werden.

Der abnehmende Mond unterstützt bei allen Hausarbeiten. Sie gehen müheloser und erfolgreicher von der Hand. Dies gilt besonders für alles, was mit Reinigen und Putzen zu tun hat.

Führen Sie jetzt einen Großputz durch, ganz gleich ob bei Böden, Schuhen oder Fenstern. Ablagerungen und Kalk lassen sich ebenfalls leichter aus Haushaltsgeräten entfernen.

Wenn Sie jetzt Wäsche waschen, benötigen Sie weniger Waschmittel. Flecken bekommen Sie eher heraus, denn der abnehmende Mond nimmt alles mit, was fortgespült werden soll.

Das Backen von Brot, Kuchen und Gebäck wird heute mit besonders ansprechenden Ergebnissen belohnt.

Als Wärmetage sind Löwetage gut geeignet, um ausgiebig zu lüften. Die Betten können gut trocknen, das Raumklima bleibt trockener.

Maler- und Lackierarbeiten führen an Löwetagen auch im abnehmenden Mond zu keinen guten Ergebnissen.

Mein Körper

Die Herstellung von Salben und Kosmetik ist jetzt gut. Bei abnehmendem Mond verbinden sich die Inhaltsstoffe leichter.

Die Hautreinigung ist jetzt günstig. Das heißt, Gesichtspackungen und Spezialmasken entfalten eine hervorragende Wirkung.

Wenn Sie an Löwetagen zum Friseur gehen, werden die Haare meist fülliger und wachsen stärker. Dauerwellen werden dagegen kraus. Haarkuren sind jetzt ebenfalls empfehlenswert. Löwetage bieten sich auch für den ersten Haarschnitt von Kleinkindern an.

Operationen sind im abnehmenden Mond günstig, weil es fast keine Narbenbildung gibt. Operationen rund um das Zwerchfell, am Rücken und am Herz vermeiden Sie jedoch besser. Sie sind heute empfindlicher als üblich.

Vermeiden Sie an Löwetagen körperliche Überanstrengungen, denn Herz- und Rückenbeschwerden treten an solchen Tagen schneller auf.

Besonders bei Vollmond sind an Löwetagen schlaflose Nächte möglich.

Die Zeit des abnehmenden Mondes eignet sich zum Abnehmen und Reinigen des Körpers. Das geht am besten mit Blutreinigungstees, Entwässerungstees und mit klarem Wasser ohne Kohlensäure.

Die Behandlung von Nagelpilzen und Warzen führt an Löwetagen zu guten Ergebnissen.

Zahnstein- und Amalgamentfernungen sind günstig, ebenso das Einsetzen von Plomben, Kronen und Brücken.

Achten Sie auf Eiweiß. Der Körper reagiert jetzt stärker darauf. Beobachten Sie eine Zeit lang Ihre Reaktionen auf Eiweiß und notieren Sie sie. Dann kennen Sie die individuellen Auswirkungen der Wärmetage auf Ihren Körper besser.

Reichhaltige Kost schlägt im abnehmenden Mond weniger an. Untergewichtige sollten mehr essen. Jetzt ist der optimale Zeitpunkt für Feiern, bei denen viel gegessen wird. Die Auswirkungen sind geringer und die Kleidergröße verändert sich nicht so schnell nach oben.

Mein Lebensraum

Löwetage sind Wärmetage und damit Fruchttage. Je nach Jahreszeit eignen sie sich gut für das Zurückschneiden von Obstbäumen und Sträuchern. Dagegen erzielen Sie beim Düngen bessere Erfolge, wenn Sie die Löwetage meiden.

Sammeln Sie jetzt Kräuter gegen Herz- und Kreislaufbeschwerden.

Nüsse

Nüsse sind gut für die Nerven, und das nicht nur an Jungfrautagen. Sie unterstützen die Konzentration und verbessern die Aufmerksamkeit.

Haselnüsse und Walnüsse, aber auch Mandeln lassen sich ohne großen Aufwand gut nebenbei knabbern. Sie wirken erstaunlich sättigend, sodass man damit die eine oder andere eingeschränkte Mahlzeit gut ausgleichen kann.

Nüsse sind deshalb ideal für unterwegs, wenn die Zeit für eine richtige Mahlzeit fehlt, aber trotzdem volle Konzentration gefragt ist. Und natürlich trinken Sie dabei viel klares Wasser.

Die Jungfrau im zunehmenden Mond

Die Jungfrau steht für Realitätssinn, Vernunft, Methodik und Fleiß.

Mein Tag

Die Jungfrau ist erdverbunden und kritisch. Sie plant realistisch. An Jungfrautagen arbeitet man genau, sorgfältig und fleißig. Dies kommt Ihnen beim Ausarbeiten von Verträgen zugute. Sie achten stärker auf Schwachpunkte und Details und schützen sich so vor bösen Überraschungen.

Auch bei Behördengängen, in finanziellen Fragen und bei Geschäftsessen unterstützt Sie die Tagesenergie.

Tätigkeiten, die wie das Lernen Fleiß und Ausdauer erfordern, fallen heute leichter.

Jungfrautage eignen sich gut, um etwas für die Gesundheit zu tun: Gymnastik und Yoga, aber auch Ausflüge ins Freie sind günstig.

Der zunehmende Mond bestimmt, was heute im Haushalt leichter von der Hand geht: Das ist das Umräumen in der Wohnung. Das Backen von Brot, Kuchen und Gebäck wird heute mit besonders ansprechenden Ergebnissen belohnt.

Besonders im Winter sollte man an Jungfrautagen kürzer lüften, um Heizkosten zu sparen. Achten Sie beim Lüften darauf, dass Sie möglichst alle Fenster und Türen öffnen und die Luft richtig durchziehen kann. Die Luftfeuchtigkeit wird selbst bei nassem Wetter schnell sinken. Sie verbessern das Klima und verhindern Schimmelbildung in den Räumen.

Mein Körper

Bei zunehmendem Mond ist es günstig, die Haut zu nähren. Sie nimmt die Nährstoffe jetzt besser auf. Zur Unterstützung der Haut empfehlen sich während dieser Mondphase Feuchtigkeitsmasken und aufbauende Kosmetik. Gesichtsmasken zur Straffung der Haut wirken besonders gut.

An Jungfrautagen gelingt Ihre Frisur besonders gut, deshalb ist es der beste Friseurtag, wenn es um Genauigkeit geht.

Eingewachsene Nägel korrigiert man am besten im zunehmenden Mond. Dann wachsen sie fast immer richtig nach.

Empfindlich sind an Jungfrautagen der Bauch, der Darm und die Nerven.

An Jungfrautagen ist angemessen warme Kleidung besonders wichtig für den Körper.

Bei zunehmendem Mond, noch mehr aber bei Vollmond und Neumond sollten Sie planbare Operationen vermeiden. Einen Sicherheitsabstand von drei Tagen bei Vollmond und einem Tag bei Neumond sollten Sie dabei beachten.

Achten Sie auf Salz. Der Körper reagiert jetzt stärker darauf. Beobachten Sie eine Zeit lang Ihre Reaktionen auf Salz und notieren Sie sie. Dann kennen Sie die individuellen Auswirkungen der Erdtage auf Ihren Körper besser.

Bei zunehmendem Mond nimmt der Körper die Nahrung leichter auf. Vor allem Übergewichtige sollten nun weniger essen, denn reichhaltige Kost schlägt stärker an. Wo Mangelerscheinungen vorhanden sind, lassen sie sich im zunehmenden

Mond gut ausgleichen.

Verzichten Sie auf schwere und fettreiche Speisen.

Mein Lebensraum

Als Erdtag ist der Jungfrautag ein Wurzeltag. Entsprechend den saisonalen Gegebenheiten bietet er sich zum Säen von Wurzelgemüsen wie Radieschen und Kohlrabi an.

Sammeln Sie jetzt Kräuter zur Unterstützung der Verdauungsorgane, Bauchspeicheldrüse und der Nerven.

Zunehmender Mond ist eine gute Zeit zum Umsetzen und Umtopfen.

Fenchel

Der Fenchel ist Bestandteil der Hildegard von Bingen Heilkunde. Er gilt seit alters als Stärkungs- und Heilmittel.

Seine Anwendungsgebiete sind: Verdauungsstörungen, Abmagerung, Kraftlosigkeit, Blutdruckproblemen und Wetterfühligkeit.

Seine Wirkung für den Anwendungsbereich Verdauung ist an Jungfrautagen stärker im Vergleich zu anderen Tagen.

Die Jungfrau im abnehmenden Mond

Die Jungfrau steht für Realitätssinn, Vernunft, Methodik und Fleiß.

Mein Tag

Die Jungfrau ist erdverbunden und kritisch. Sie plant realistisch. An Jungfrautagen arbeitet man genau, sorgfältig und fleißig. Dies kommt Ihnen beim Ausarbeiten von Verträgen zugute. Sie achten stärker auf Schwachpunkte und Details und schützen sich so vor bösen Überraschungen.

Auch bei Behördengängen, in finanziellen Fragen und bei Geschäftsessen unterstützt Sie die Tagesenergie.

Tätigkeiten, die wie das Lernen Fleiß und Ausdauer erfordern, fallen heute leichter.

Jungfrautage eignen sich gut, um etwas für die Gesundheit zu tun: Gymnastik und Yoga, aber auch Ausflüge ins Freie sind günstig.

Der abnehmende Mond unterstützt bei allen Hausarbeiten. Sie gehen müheloser und erfolgreicher von der Hand. Dies gilt besonders für alles, was mit Reinigen und Putzen zu tun hat.

Der abnehmende Mond ist günstig für Maler- und Lackierarbeiten. Die Farbe wird gut angenommen und der Anstrich hält viel länger.

Besonders im Winter sollte man an Jungfrautagen kürzer lüften, um Heizkosten zu sparen. Achten Sie beim Lüften darauf, dass Sie möglichst alle Fenster und Türen öffnen und die Luft richtig durchziehen kann. Die Luftfeuchtigkeit wird selbst bei nassem Wetter schnell sinken. Sie verbessern das Klima und verhindern Schimmelbildung in den Räumen.

Mein Körper

Die Herstellung von Salben und Kosmetik ist jetzt gut. Bei abnehmendem Mond verbinden sich die Inhaltsstoffe leichter.

Die Hautreinigung ist jetzt günstig. Das heißt, Gesichtspackungen und Spezialmasken entfalten eine hervorragende Wirkung.

An Jungfrautagen gelingt Ihre Frisur besonders gut, deshalb ist es der beste Friseurtag, wenn es um Genauigkeit geht.

Operationen sind im abnehmenden Mond günstig, weil es fast keine Narbenbildung gibt. Operationen im Bauchbereich, am Darm und an den Nerven vermeiden Sie jedoch besser. Sie sind heute empfindlicher als üblich.

Die Zeit des abnehmenden Mondes eignet sich zum Abnehmen und Reinigen des Körpers. Das geht am Besten mit Blutreinigungstees, Entwässerungstees und mit klarem Wasser ohne Kohlensäure.

An Kältetagen wie den Jungfrautagen empfiehlt sich besonders bei empfindlichen Menschen sich etwas wärmere Kleidung.

Achten Sie auf Salz. Der Körper reagiert jetzt stärker darauf. Beobachten Sie eine Zeit lang Ihre Reaktionen auf Salz und notieren Sie sie. Dann kennen Sie die individuellen Auswirkungen der Erdtage auf Ihren Körper besser.

Reichhaltige Kost schlägt im abnehmenden Mond weniger

an. Untergewichtige sollten mehr essen.

Mein Lebensraum

Als Erdtag ist der Jungfrautag ein Wurzeltag. Entsprechend den saisonalen Gegebenheiten bietet er sich zum Säen von Wurzelgemüsen wie Radieschen und Kohlrabi an.

Sammeln Sie jetzt Kräuter zur Unterstützung der Verdauungsorgane, Bauchspeicheldrüse und der Nerven.

Frühstücksmüsli

nach einem Rezept von Dr. Johanna Budwig

Zutaten:

2 EL Linomel oder frisch gemahlener Leinsamen, 3 EL Leinsamenöl, 2 EL Milch, 100 g Quark, 1 Teelöffel Honig.

Das Linomel oder den Leinsamen in eine kleine Schüssel geben. In kleine Stücke geschnittenes Obst hinzufügen.

Das Leinöl, die Milch und den Honig im Mixer gut vermengen und nach und nach den Quark untermischen, bis sich die Masse gut verbunden hat. Jetzt kann sie noch mit Vanille, Zimt, aufgeweichten Rosinen, Aprikosen, Saft, Nüssen oder Mandeln verfeinert werden.

Zum Schluss gibt man die Creme über die Früchte in der Schüssel.

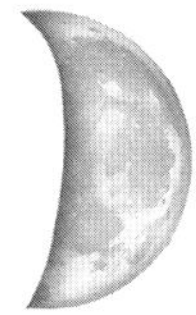

Die Waage im zunehmenden Mond

Die Waage steht für Ausgleich, Gerechtigkeit und Ästhetik.

Mein Tag

An Waagetagen fällt es leichter, gegensätzliche Interessen auszugleichen. Sie bieten sich deshalb an, um schwierige Verhandlungen zu führen, bei denen am Ende ein Kompromiss stehen soll.

Man geht offener aufeinander zu und die Unterhaltung fällt leichter.

Ein ausgeprägter Gerechtigkeitssinn unterstützt Sie an Waagetagen bei rechtlichen Verhandlungen.

Kreative Tätigkeiten gelingen heute besser. Künstlerisches und Ästhetisches schätzt man an Waagetagen mehr als sonst.

Ein ausgeprägter Kunstsinn macht Kulturereignisse zu einem echten Genuss. Am Rande solcher Veranstaltungen lassen sich heute leicht Kontakte knüpfen und pflegen.

Die Liebe ist leidenschaftlicher.

Schönheitspflege und Kleiderkäufe sind jetzt günstig.

Als Lichttage führen die Waagetage zu größerer Lichtempfindlichkeit.

Der zunehmende Mond bestimmt, was heute im Haushalt

leichter von der Hand geht: Das ist das Umräumen in der Wohnung.

Als Lufttage bieten sich die Waagetage außerdem an, um ausgiebig zu lüften.

Mein Körper

Bei zunehmendem Mond ist es günstig, die Haut zu nähren. Sie nimmt die Nährstoffe jetzt besser auf. Zur Unterstützung der Haut empfehlen sich während dieser Mondphase Feuchtigkeitsmasken und aufbauende Kosmetik. Gesichtsmasken zur Straffung der Haut wirken besonders gut.

Eingewachsene Nägel korrigiert man am besten im zunehmenden Mond. Dann wachsen sie fast immer richtig nach.

Empfindlich sind an Waagetagen die Hüfte, die Blase und die Nieren. Halten Sie deshalb die Beckenregion warm.

Bei zunehmendem Mond, noch mehr aber bei Vollmond und Neumond sollten Sie planbare Operationen vermeiden. Einen Sicherheitsabstand von drei Tagen bei Vollmond und einem Tag bei Neumond sollten Sie dabei beachten.

Das Zähneziehen sollte vermieden werden.

Achten Sie auf Fett. Der Körper reagiert jetzt stärker darauf. Beobachten Sie eine Zeit lang Ihre Reaktionen auf Fett und notieren Sie sie. Dann kennen Sie die individuellen Auswirkungen der Lufttage auf Ihren Körper besser.

Bei zunehmendem Mond nimmt der Körper die Nahrung leichter auf. Vor allem Übergewichtige sollten nun weniger essen, denn reichhaltige Kost schlägt stärker an. Wo Mangelerscheinungen vorhanden sind, lassen sie sich im zunehmenden Mond gut ausgleichen.

Mein Lebensraum

Als Blütentage eignen sich die Waagetage entsprechend der Jahreszeiten zum Setzen und Säen von Blumen, Kräutern, Rank- und Kletterpflanzen.

Zunehmender Mond ist eine gute Zeit zum Umsetzen und Umtopfen.

Sammeln Sie jetzt Kräuter zur Unterstützung der Nieren und der Blase.

Petersilie

Die Petersilie ist Bestandteil der Hildegard von Bingen Heilkunde. Sie hilft bei Blähungen, Blasen- und Nierensteinen, sowie bei Harnwegsinfektionen.

Weitere Anwendungen sind: Gicht, Herz- und Milzschmerzen, Wasseransammlungen im Bauch, …

Ihre Wirkung für den Anwendungsbereich Blasen- und Nierensteine, Harnwegsinfektionen ist an Waagetagen stärker im Vergleich zu anderen Tagen.

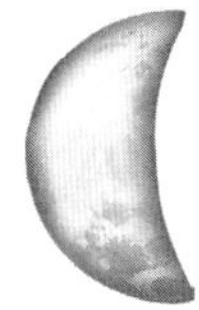

Die Waage im abnehmenden Mond

Die Waage steht für Ausgleich, Gerechtigkeit und Ästhetik.

Mein Tag

An Waagetagen fällt es leichter, gegensätzliche Interessen auszugleichen. Sie bieten sich deshalb an, um schwierige Verhandlungen zu führen, bei denen am Ende ein Kompromiss stehen soll. Man geht offener aufeinander zu und die Unterhaltung fällt leichter.

Ein ausgeprägter Gerechtigkeitssinn unterstützt Sie an Waagetagen bei rechtlichen Verhandlungen.

Kreative Tätigkeiten gelingen heute besser. Künstlerisches und Ästhetisches schätzt man an Waagetagen mehr als sonst.

Ein ausgeprägter Kunstsinn macht Kulturereignisse zu einem echten Genuss. Am Rande solcher Veranstaltungen lassen sich heute leicht Kontakte knüpfen und pflegen. Auch die Liebe ist leidenschaftlicher.

Schönheitspflege und Kleiderkäufe sind jetzt günstig.

Als Lichttage führen die Waagetage zu größerer Lichtempfindlichkeit.

Der abnehmende Mond unterstützt bei allen Hausarbeiten. Sie gehen müheloser und erfolgreicher von der Hand. Dies gilt besonders für alles, was mit Reinigen und Putzen zu tun hat. Führen Sie jetzt einen Großputz durch, ganz gleich ob bei Böden, Schuhen oder Fenstern. Ablagerungen und Kalk lassen sich ebenfalls leichter aus Haushaltsgeräten entfernen.

Als Lufttage bieten sich die Waagetage an, um ausgiebig zu lüften.

Der abnehmende Mond ist günstig für Maler- und Lackierarbeiten. Die Farbe wird gut angenommen und der Anstrich hält viel länger.

Mein Körper

Die Herstellung von Salben und Kosmetik ist jetzt gut. Bei abnehmendem Mond verbinden sich die Inhaltsstoffe leichter.

Die Hautreinigung ist jetzt günstig. Das heißt, Gesichtspackungen und Spezialmasken entfalten eine hervorragende Wirkung.

Operationen sind im abnehmenden Mond günstig, weil es fast keine Narbenbildung gibt. Operationen an der Hüfte, der Blase und den Nieren vermeiden Sie jedoch besser. Sie sind heute empfindlich.

Zahnstein- und Amalgamentfernungen sind günstig, ebenso das Einsetzen von Plomben, Kronen und Brücken. Das Zähneziehen sollte jedoch vermieden werden.

Die Zeit des abnehmenden Mondes eignet sich zum Abnehmen und Reinigen des Körpers. Das geht am Besten mit Blutreinigungstees, Entwässerungstees und mit klarem Wasser ohne Kohlensäure.

Halten Sie die Nieren und die Beckenregion warm.

Beckengymnastik ist an Waagetagen empfehlenswert.

Achten Sie auf Fett. Der Körper reagiert jetzt stärker darauf. Beobachten Sie eine Zeit lang Ihre Reaktionen auf Fett und notieren Sie sie. Dann kennen Sie die individuellen Auswirkungen der Lufttage auf Ihren Körper besser.

Reichhaltige Kost schlägt im abnehmenden Mond weniger an. Untergewichtige sollten mehr essen.

Mein Lebensraum

Als Blütentage eignen sich die Waagetage entsprechend der Jahreszeiten zum Setzen und Säen von Blumen und Kräutern.

Düngen Sie heute Blumen, die nicht recht blühen wollen.

Sammeln Sie jetzt Kräuter zur Unterstützung der Nieren und der Blase.

Fette

Unser Körper braucht Samenfette wie Raps-, Sonnenblumen- oder Traubenkernöl. Ein besonders empfehlenswertes Samenöl ist Leinöl.

Sorgen Sie dafür, dass Sie diese Fette mit Ihrer täglichen Nahrung zu sich nehmen. Dafür kann man auf die Öl-Eiweiß-Kost, die besonders Dr. Johanna Budwig empfiehlt, zurückgreifen. Diese Form der Ernährung wird auch in einer erfolgreichen alternativen Krebstherapie eingesetzt.

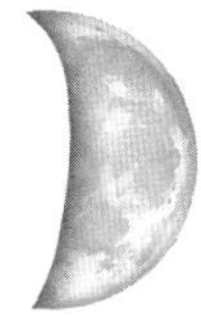

Der Skorpion im zunehmenden Mond

Der Skorpion steht für klare Entscheidungen, Durchsetzungskraft und Beharrlichkeit.

Mein Tag

Der Skorpion hat den Blick für das Wesentliche. Er liebt klare Entscheidungen und sein starker Wille machen ihn handlungs- und durchsetzungsfähig. Bei geschäftlichen und finanziellen Verhandlungen kommen Ihnen diese Tageseigenschaften zugute.

Skorpiontage eignen sich gut für Werbung. Jetzt haben Sie die Möglichkeit, Ihre Fähigkeiten voll auszuschöpfen.

Die Skorpionenergie unterstützt bei Meditationen und Entspannungsübungen.

Skorpiontage bieten sich an, um intensiv erlebt zu werden und jeden Augenblick zu genießen. Alles ist leidenschaftlicher, auch für die Liebe.

Bei Aktivitäten im Freien sollte man sich darauf einstellen, dass es an Wassertagen wie heute häufiger regnet oder schneit.

Der zunehmende Mond bestimmt, was heute im Haushalt leichter von der Hand geht: Das ist das Umräumen in der Wohnung.

Betten und Matratzen lüften Sie heute lieber kürzer, die Feuchtigkeit bleibt drin. Warten Sie einfach noch bis zu den

Schützetagen. Achten Sie beim allgemeinen Lüften darauf, dass Sie möglichst alle Fenster und Türen öffnen und die Luft richtig durchziehen kann. Die Luftfeuchtigkeit wird selbst bei nassem Wetter schnell sinken. Sie verbessern das Klima und verhindern Schimmelbildung in den Räumen.

Maler- und Lackierarbeiten sind jetzt ebenfalls recht ungünstig: Auch hier empfiehlt es sich, noch etwas abzuwarten.

Mein Körper

Bei zunehmendem Mond ist es günstig, die Haut zu nähren. Sie nimmt die Nährstoffe jetzt besser auf. Zur Unterstützung der Haut empfehlen sich während dieser Mondphase Feuchtigkeitsmasken und aufbauende Kosmetik. Gesichtsmasken zur Straffung der Haut wirken besonders gut.

Eingewachsene Nägel korrigiert man am besten im zunehmenden Mond. Dann wachsen sie fast immer richtig nach.

Die Füße, die Becken- und die Nierenregion sollten warmgehalten werden.

Bei zunehmendem Mond, noch mehr aber bei Vollmond und Neumond, sollten Sie planbare Operationen vermeiden. Einen Sicherheitsabstand von drei Tagen bei Vollmond und einem Tag bei Neumond sollten Sie dabei beachten.

Empfindlich an Skorpiontagen sind die Geschlechtsorgane und der Harnleiter. Schwangere sollten jetzt größere Anstrengungen vermeiden.

Achten Sie auf Kohlenhydrate. Der Körper reagiert jetzt stärker darauf. Beobachten Sie eine Zeit lang Ihre Reaktionen auf Kohlenhydrate und notieren Sie sie. Dann kennen Sie die individuellen Auswirkungen der Wassertage auf Ihren Körper besser.

Bei zunehmendem Mond nimmt der Körper die Nahrung leichter auf. Vor allem Übergewichtige sollten nun weniger essen, denn reichhaltige Kost schlägt stärker an. Wo Mangelerscheinungen vorhanden sind, lassen sie sich im zunehmenden Mond gut ausgleichen.

An Skorpiontagen ist der Körper empfänglicher für alles, was ihm geboten wird. Dosieren Sie Alkohol, Kaffee, Nikotin und Medikamente entsprechend maßvoll.

Mein Lebensraum

Skorpiontage sind Wassertage und damit zugleich Blatttage. Sie eignen sich entsprechend der Jahreszeit zum Setzen und Säen von Blattgemüse wie Spinat, Mangold und Lauch.

Gießen und sparsames Düngen führen in dieser Mondphase zu einem schönen Pflanzenwachstum.

Ein jetzt gemähter Rasen wächst schneller nach.

Beim Kräutersammeln lassen sich an Skorpiontagen immer gute Ergebnisse erzielen. Das gilt besonders für Kräuter gegen Krankheiten der Geschlechts- und ableitenden Organe.

Flohsamen

Der Flohsamen ist Bestandteil der Hildegard von Bingen Heilkunde. Er wird gern bei Depressionen, Melancholie, Stimmungsschwankungen, Allergieneigung und Allergiefieber eingesetzt.

Aufgrund seiner quellenden Wirkung wird er gern zur Darmregulierung und bei Verstopfung angewandt.

Seine Wirkung für den Anwendungsbereich Blasenentzündung (Volksheilkunde) ist an Skorpiontagen stärker im Vergleich zu anderen Tagen.

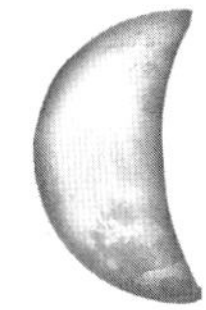

Der Skorpion im abnehmenden Mond

Der Skorpion steht für klare Entscheidungen, Durchsetzungskraft und Beharrlichkeit.

Mein Tag

Der Skorpion hat den Blick für das Wesentliche. Er liebt klare Entscheidungen und sein starker Wille machen ihn handlungs- und durchsetzungsfähig. Bei geschäftlichen und finanziellen Verhandlungen kommen Ihnen diese Tageseigenschaften zugute.

Skorpiontage eignen sich gut für Werbung. Jetzt haben Sie die Möglichkeit, Ihre Fähigkeiten voll auszuschöpfen.

Die Skorpionenergie unterstützt bei Meditationen und Entspannungsübungen.

Skorpiontage bieten sich an, um intensiv erlebt zu werden und jeden Augenblick zu genießen. Alles ist leidenschaftlicher, auch die Liebe.

Bei Aktivitäten im Freien sollte man sich darauf einstellen, dass es an Wassertagen wie heute häufiger regnet oder schneit.

Der abnehmende Mond unterstützt bei allen Hausarbeiten. Sie gehen müheloser und erfolgreicher von der Hand. Dies gilt besonders für alles, was mit Reinigen und Putzen zu tun hat. Führen Sie jetzt einen Großputz durch, ganz gleich ob bei Böden, Schuhen oder Fenstern. Ablagerungen und Kalk lassen

sich ebenfalls leichter aus Haushaltsgeräten entfernen.

Wenn Sie jetzt Wäsche waschen, benötigen Sie weniger Waschmittel. Flecken bekommen Sie eher heraus, denn der abnehmende Mond nimmt alles mit, was fortgespült werden soll.

Betten und Matratzen lüften Sie heute besser nicht zu lange: Die Feuchtigkeit bleibt drin. Warten Sie lieber noch bis zu den Schützetagen. Achten Sie beim allgemeinen Lüften darauf, dass Sie möglichst alle Fenster und Türen öffnen und die Luft richtig durchziehen kann. Die Luftfeuchtigkeit wird selbst bei nassem Wetter schnell sinken. Sie verbessern das Klima und verhindern Schimmelbildung in den Räumen.

Maler- und Lackierarbeiten führen an Skorpiontagen selten zu guten Ergebnissen, auch nicht im abnehmenden Mond.

Mein Körper

Die Herstellung von Salben und Kosmetik ist jetzt gut. Bei abnehmendem Mond verbinden sich die Inhaltsstoffe leichter.

Die Hautreinigung ist jetzt günstig. Das heißt, Gesichtspackungen und Spezialmasken entfalten eine hervorragende Wirkung.

Operationen sind im abnehmenden Mond günstig, weil es fast keine Narbenbildung gibt. Operationen der Geschlechtsorgane und der Harnleiter vermeiden Sie jedoch besser. Sie sind heute empfindlicher als üblich.

Zahnstein- und Amalgamentfernungen sind günstig, ebenso das Einsetzen von Plomben, Kronen und Brücken.

Die Zeit des abnehmenden Mondes eignet sich zum Abnehmen und Reinigen des Körpers. Das geht am besten mit Blutreinigungstees, Entwässerungstees und mit klarem Wasser ohne Kohlensäure.

Schwangere sollten übermäßige Anstrengungen vermeiden, sonst erhöht sich das Risiko einer Fehlgeburt.

Halten Sie Füße, Becken und Nieren warm. Bei Frauenleiden haben Sitzbäder mit Schafgarbe eine stärkere Wirkung als üblich.

Achten Sie auf Kohlenhydrate. Der Körper reagiert jetzt stärker darauf. Beobachten Sie eine Zeit lang Ihre Reaktionen auf Kohlenhydrate und notieren Sie sie. Dann kennen Sie die individuellen Auswirkungen der Wassertage auf Ihren Körper besser.

Reichhaltige Kost schlägt im abnehmenden Mond weniger an. Untergewichtige sollten mehr essen.

An Skorpiontagen ist der Körper empfänglicher für alles, was ihm geboten wird. Dosieren Sie Alkohol, Kaffee, Nikotin und Medikamente entsprechend maßvoll.

Mein Lebensraum

Skorpiontage sind Wassertage und damit zugleich Blatttage. Sie eignen sich entsprechend der Jahreszeit zum Setzen und Säen von Blattgemüse wie Spinat, Mangold und Lauch.

Gießen und Düngen führen in dieser Mondphase zu einem schönen Pflanzenwachstum.

Ein jetzt gemähter Rasen wächst langsamer nach.

Beim Kräutersammeln lassen sich an Skorpiontagen immer gute Ergebnisse erzielen. Das gilt besonders für Kräuter gegen Krankheiten der Geschlechts- und ableitenden Organe.

Zahnschmerzen und Körper

Zwischen den Zähnen und dem übrigen Körper besteht eine enge Verbindung. So können Zahnschmerzen ihre eigentliche Ursache in anderen Regionen des Körpers haben. Diesen Zusammenhang hat in den 1950er Jahren Dr. Reinhold Voll mit dem Elektroakupunktur-Verfahren entdeckt.

Bei Zahnschmerzen sollte man sich also mit einem geeigneten Therapeuten in Verbindung setzten, der zum Beispiel mit dem Bioresonanzverfahren feststellen kann, ob hier auch andere Körperteile behandelt werden müssen. Dadurch kann man sich unter Umständen die eine oder andere umfangreichere Zahnbehandlung ersparen.

Leider sind solche Testverfahren von unserem Gesundheitssystem noch nicht anerkannt und müssen daher selbst bezahlt werden. Deshalb muss jeder selbst entscheiden, ob er es sich wert ist, auf solch ein schonendes Behandlungsverfahren zurückzugreifen.

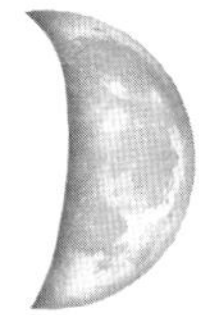

Der Schütze im zunehmenden Mond

Der Schütze steht für Erkenntnisfähigkeit, Überzeugungskraft und Reiselust.

Mein Tag

An Schützetagen ist man neugierig und wissensdurstig. Nutzen Sie diesen Drang zum Neuen, um Ihren Horizont zu erweitern. In rechtlichen Angelegenheiten sind heute Aussprachen und Diskussionen günstig. Abschlüsse sollten aber besser erst an einem anderen Tag getätigt werden.

Beim Autofahren erleben Sie heute das Stürmen und Drängen der Schützeenergie. Fahren Sie deshalb vorsichtiger als üblich.

Erholung und Aktivität wollen heute gekoppelt sein. Ausflüge und Sport bieten sich dafür an. Aber auch rein Entspannendes wie Massagen passt jetzt gut.

Wie an allen Feuertagen ist die Liebe auch heute besonders leidenschaftlich.

An Schützetagen fühlt sich das Wetter wärmer an (Wärmetag). Nutzen Sie auch bei bewölktem Himmel die Zeit für Aufenthalte im Freien.

Der zunehmende Mond bestimmt, was heute im Haushalt leichter von der Hand geht: Das ist das Umräumen in der Wohnung. Das Backen von Brot, Kuchen und Gebäck wird heute mit besonders ansprechenden Ergebnissen belohnt.

Als Wärmetage sind Schützetage gut geeignet, um ausgiebig zu lüften. Die Betten können gut trocknen, das Raumklima bleibt trockener.

Mein Körper

Bei zunehmendem Mond ist es günstig, die Haut zu nähren. Sie nimmt die Nährstoffe jetzt besser auf. Zur Unterstützung der Haut empfehlen sich während dieser Mondphase Feuchtigkeitsmasken und aufbauende Kosmetik. Gesichtsmasken zur Straffung der Haut wirken besonders gut.

Eingewachsene Nägel korrigiert man am besten im zunehmenden Mond. Dann wachsen sie fast immer richtig nach.

Empfindlich sind an Schützetagen die Oberschenkel und die Venen. Empfindliche Menschen spüren jetzt häufiger Schmerzen am Ischiasnerv, in den Venen, den Oberschenkeln und am Rücken.

Bei Sport sollten sich Ungeübte nicht zu sehr anstrengen.

Bei zunehmendem Mond, noch mehr aber bei Vollmond und Neumond sollten Sie planbare Operationen vermeiden. Einen Sicherheitsabstand von drei Tagen bei Vollmond und einem Tag bei Neumond sollten Sie dabei beachten.

Achten Sie auf Eiweiß. Der Körper reagiert jetzt stärker darauf. Beobachten Sie eine Zeit lang Ihre Reaktionen auf Eiweiß und notieren Sie sie. Dann kennen Sie die individuellen Auswirkungen der Wärmetage auf Ihren Körper besser.

Bei zunehmendem Mond nimmt der Körper die Nahrung leichter auf. Vor allem Übergewichtige sollten nun weniger essen, denn reichhaltige Kost schlägt stärker an. Wo Mangelerscheinungen vorhanden sind, lassen sie sich im zunehmenden

Mond gut ausgleichen.

Mein Lebensraum

Schützetage sind Wärmetage und damit zugleich Fruchttage. Sie eignen sich entsprechend der Jahreszeit gut zum Setzen und Säen von Pflanzen.

Sammeln Sie jetzt Kräuter gegen Venenleiden.

Wermut

Hildegard schätzte den Wermut überaus und bezeichnete ihn in ihren Schriften sogar als den wichtigsten Meister gegen alle Erschöpfungen.

Er wird noch bei offenen Wunden, Verstauchungen, Quetschungen, Verdauungsschwäche und gegen Würmer eingesetzt.

Wie bei allen anderen Kräutern der Hildegardheilkunde ist das Anwendungsgebiet wesentlich umfassender.

Seine Wirkung für den Anwendungsbereich Muskelprobleme, Verstauchungen ist an Schützetagen stärker im Vergleich zu anderen Tagen.

Der Schütze im abnehmenden Mond

Der Schütze steht für Erkenntnisfähigkeit, Überzeugungskraft und Reiselust.

Mein Tag

An Schützetagen ist man neugierig und wissensdurstig. Nutzen Sie diesen Drang zum Neuen, um Ihren Horizont zu erweitern. In rechtlichen Angelegenheiten sind heute Aussprachen und Diskussionen günstig. Abschlüsse sollten aber besser erst an einem anderen Tag getätigt werden.

Beim Autofahren erleben Sie heute das Stürmen und Drängen der Schützeenergie. Fahren Sie deshalb vorsichtiger als üblich.

Erholung und Aktivität wollen heute gekoppelt sein. Ausflüge und Sport bieten sich dafür an. Aber auch rein Entspannendes wie Massagen passt jetzt gut.

Wie an allen Feuertagen ist die Liebe auch heute besonders leidenschaftlich.

An Schützetagen fühlt sich das Wetter wärmer an (Wärmetag). Nutzen Sie auch bei bewölktem Himmel die Zeit für Aufenthalte im Freien.

Der abnehmende Mond unterstützt bei allen Hausarbeiten. Sie gehen müheloser und erfolgreicher von der Hand. Dies gilt besonders für alles, was mit Reinigen und Putzen zu tun hat.

Führen Sie jetzt einen Großputz durch, ganz gleich ob bei Böden, Schuhen oder Fenstern. Ablagerungen und Kalk lassen sich ebenfalls leichter aus Haushaltsgeräten entfernen.

Wenn Sie jetzt Wäsche waschen, benötigen Sie weniger Waschmittel. Flecken bekommen Sie eher heraus, denn der abnehmende Mond nimmt alles mit, was fortgespült werden soll.

Als Wärmetage sind Schützetage gut geeignet, um ausgiebig zu lüften. Die Betten können gut trocknen, das Raumklima bleibt trockener.

Der abnehmende Mond ist günstig für Maler- und Lackierarbeiten. Die Farbe wird gut angenommen und der Anstrich hält viel länger.

Mein Körper

Die Herstellung von Salben und Kosmetik ist jetzt gut. Bei abnehmendem Mond verbinden sich die Inhaltsstoffe leichter.

Die Hautreinigung ist jetzt günstig. Das heißt, Gesichtspackungen und Spezialmasken entfalten eine hervorragende Wirkung.

Operationen sind im abnehmenden Mond günstig, weil es fast keine Narbenbildung gibt. Operationen an den Oberschenkeln und Venen vermeiden Sie jedoch besser. Sie sind heute besonders empfindlich. Bei empfindlichen Menschen treten an Schützetagen häufiger Schmerzen am Ischiasnerv, in den Oberschenkeln und im Rücken auf.

Bei Sport sollten sich Ungeübte nicht zu sehr anstrengen.

Die Behandlung von Nagelpilzen und Warzen führt an Schützetagen zu guten Ergebnissen.

Zahnstein- und Amalgamentfernungen sind günstig, ebenso das Einsetzen von Plomben, Kronen und Brücken.

Die Zeit des abnehmenden Mondes eignet sich zum Abnehmen und Reinigen des Körpers. Das geht am Besten mit Blutreinigungstees, Entwässerungstees und mit klarem Wasser ohne Kohlensäure.

Achten Sie auf Eiweiß. Der Körper reagiert jetzt stärker darauf. Beobachten Sie eine Zeit lang Ihre Reaktionen auf Eiweiß und notieren Sie sie. Dann kennen Sie die individuellen Auswirkungen der Wärmetage auf Ihren Körper besser.

Reichhaltige Kost schlägt im abnehmenden Mond weniger an. Untergewichtige sollten mehr essen.

Mein Lebensraum

Schützetage sind Wärmetage und damit zugleich Fruchttage. Sie eignen sich entsprechend der Jahreszeit gut zum Setzen und Säen von Pflanzen.

Sammeln Sie Kräuter gegen Venenleiden.

Samenöle: Eine Übersicht

Samenöle sind wertvolle natürliche Speiseöle mit einem hohen Anteil an mehrfach ungesättigten Fettsäuren. Sie sollten in unserer täglichen Ernährung auf keinen Fall fehlen. Hier einige Beispiele:

Leinöl

Leinöl ist eines der wertvollsten natürlichen Öle. Es lässt sich gut in Salaten, Müsli und Quark-Leinöl-Speisen verarbeiten.

Sonnenblumenöl

Sonnenblumenöl eignet sich gut für Salate, zum Braten und zum Kochen.

Maiskeimöl

Beim Maiskeimöl sollte man darauf achten, dass es nicht aus genetisch verändertem Mais hergestellt wurde. Es ist hitzebeständig und bietet sich deshalb zum Dünsten, Braten und Backen an.

Sojaöl

Auch beim Sojaöl besteht das Risiko, an ein gentechnisch verändertes Produkt zu geraten. Es eignet sich gut für Salate, zum Kochen und zum Dünsten.

Sesamöl

Sesamöl empfiehlt sich für Salate, zum Kochen und zum Dünsten.

Traubenkernöl

Traubenkernöl enthält einen hohen Anteil an OPC (Pygogenol), einen starken Radikalenfänger. Man nimmt es für Salate, zum Anbraten, zum Kochen und zum Dünsten.

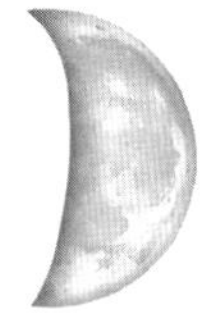

Der Steinbock im zunehmenden Mond

Der Steinbock steht für Realitätssinn, Disziplin, Hartnäckigkeit und Geduld.

Mein Tag

Tätigkeiten, die Ihnen viel Ausdauer und Disziplin abverlangen, erscheinen an Steinbocktagen weniger mühsam.

Ein realistisches und vernünftiges Vorgehen erleichtert heute den Umgang mit Geldangelegenheiten.

Der Steinbock ist kein Verschwender. Nutzen Sie diese Eigenschaft, um Ihre Aufgaben auf Unnötiges und Überflüssiges zu überprüfen.

Bei Einkäufen ist das Risiko, verschwenderisch zu sein, geringer als sonst. Zur Freizeitgestaltung bieten sich kulturelle Veranstaltungen an.

Steinbocktage sind Erdtage und fühlen sich kühler an. Achten Sie bei Beschäftigungen im Freien deshalb auf angemessene Kleidung.

Der zunehmende Mond bestimmt, was heute im Haushalt leichter von der Hand geht: Das ist das Umräumen in der Wohnung. Das Backen von Brot, Kuchen und Gebäck wird heute mit besonders ansprechenden Ergebnissen belohnt.

Besonders im Winter sollte man an Steinbocktagen kürzer lüften, um Heizkosten zu sparen. Achten Sie beim Lüften darauf, dass Sie möglichst alle Fenster und Türen öffnen und die Luft richtig durchziehen kann. Die Luftfeuchtigkeit wird selbst bei nassem Wetter schnell sinken. Sie verbessern das Klima und verhindern Schimmelbildung in den Räumen.

Mein Körper

Bei zunehmendem Mond ist es günstig, die Haut zu nähren. Sie nimmt die Nährstoffe jetzt besser auf. Zur Unterstützung der Haut empfehlen sich während dieser Mondphase Feuchtigkeitsmasken und aufbauende Kosmetik. Gesichtsmasken zur Straffung der Haut wirken besonders gut.

Eingewachsene Nägel korrigiert man am besten im zunehmenden Mond. Dann wachsen sie fast immer richtig nach.

Empfindlich sind an Steinbocktagen die Knie, die Haut und die Knochen. Starke Belastungen von Knochen und Kniegelenken sollten Sie deshalb vermeiden, auch mit Blick auf den Meniskus.

Bei zunehmendem Mond, noch mehr aber bei Vollmond und Neumond, sollten Sie planbare Operationen vermeiden. Einen Sicherheitsabstand von drei Tagen bei Vollmond und einem Tag bei Neumond sollten Sie dabei beachten.

Bauen Sie ihren Körper jetzt, im zunehmenden Mond, auf. Es fällt leichter. Auch Mangelerscheinungen lassen sich einfacher beheben.

Anwendungen gegen Hautkrankheiten wirken heute besonders gut. Machen Sie leichte Dehnungsübungen für Knochen und Gelenke.

Achten Sie an diesen Tagen auf Salz, machen Sie Ihre eigenen Beobachtungen, um zu erfahren, ob Sie an diesen Tagen mehr oder weniger Salz zu sich nehmen sollen.

Reichhaltige Kost schlägt stärker an, deshalb sollten Sie eher weniger essen, dies gilt besonders für Übergewichtige. Wo Mangelerscheinungen vorhanden sind, lassen sie sich im zunehmenden Mond gut ausgleichen.

Mein Lebensraum

Als Erdtag ist der Steinbocktag ein Wurzeltag. Entsprechend den saisonalen Gegebenheiten bietet er sich zum Säen von Wurzelgemüsen wie Radieschen und Kohlrabi an.

Sammeln Sie jetzt Kräuter gegen Knochen- und Gelenkbeschwerden sowie Hautkrankheiten.

Zunehmender Mond ist eine gute Zeit zum Umsetzen und Umtopfen.

Akelei

Die Akelei enthält schwach giftige Stoffe und soll daher nur in geringen Mengen eingenommen werden, so wie in den Rezepten der therapeutisch fachkundigen Person angegeben.

Anwendungsgebiete sind: Mandelentzündung, Bronchitis, Katarrh der oberen Luftwege und Schnupfen.

Bei Fieber, bei fiebriger Erkältung als unterstützendes Heilmittel und zur Vorbeugung.

Seine Wirkung für den Anwendungsbereich entzündungshemmend (Haut) ist an Steinbocktagen stärker im Vergleich zu anderen Tagen.

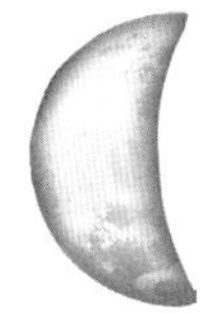

Der Steinbock im abnehmenden Mond

Der Steinbock steht für Realitätssinn, Disziplin, Hartnäckigkeit und Geduld.

Mein Tag

Tätigkeiten, die Ihnen viel Ausdauer und Disziplin abverlangen, erscheinen an Steinbocktagen weniger mühsam. Ein realistisches und vernünftiges Vorgehen erleichtert heute den Umgang mit Geldangelegenheiten.

Der Steinbock ist kein Verschwender. Nutzen Sie diese Eigenschaft, um Ihre Aufgaben auf Unnötiges und Überflüssiges zu überprüfen.

Bei Einkäufen ist das Risiko, verschwenderisch zu sein, geringer als sonst. Zur Freizeitgestaltung bieten sich kulturelle Veranstaltungen an.

Steinbocktage sind Erdtage und fühlen sich kühler an. Achten Sie bei Beschäftigungen im Freien deshalb auf angemessene Kleidung.

Der abnehmende Mond unterstützt bei allen Hausarbeiten. Sie gehen müheloser und erfolgreicher von der Hand. Dies gilt besonders für alles, was mit Reinigen und Putzen zu tun hat. Führen Sie jetzt einen Großputz durch, ganz gleich ob bei Böden, Schuhen oder Fenstern. Ablagerungen und Kalk lassen sich ebenfalls leichter aus Haushaltsgeräten entfernen.

Wenn Sie jetzt Wäsche waschen, benötigen Sie weniger Waschmittel. Flecken bekommen Sie eher heraus, denn der abnehmende Mond nimmt alles mit, was fortgespült werden soll.

Der abnehmende Mond ist günstig für Maler- und Lackierarbeiten. Die Farbe wird gut angenommen und der Anstrich hält viel länger.

Besonders im Winter sollte man an Steinbocktagen kürzer lüften, um Heizkosten zu sparen. Achten Sie beim Lüften darauf, dass Sie möglichst alle Fenster und Türen öffnen und die Luft richtig durchziehen kann. Die Luftfeuchtigkeit wird selbst bei nassem Wetter schnell sinken. Sie verbessern das Klima und verhindern Schimmelbildung in den Räumen.

Mein Körper

Die Herstellung von Salben und Kosmetik ist jetzt gut. Bei abnehmendem Mond verbinden sich die Inhaltsstoffe leichter.

Die Hautreinigung ist jetzt günstig. Das heißt, Gesichtspackungen und Spezialmasken entfalten eine hervorragende Wirkung.

Operationen sind im abnehmenden Mond günstig, weil es fast keine Narbenbildung gibt. Operationen an den Knien, der Haut und den Knochen vermeiden Sie jedoch besser. Sie sind heute empfindlicher als an anderen Tagen.

Die Zeit des abnehmenden Mondes eignet sich zum Abnehmen und Reinigen des Körpers. Das geht am besten mit Blutreinigungstees, Entwässerungstees und mit klarem Wasser ohne Kohlensäure.

Starke Belastungen der Knochen und der Knie sollten an Steinbocktagen vermieden werden: Man spürt sie sehr schnell. Auch der Meniskus möchte heute geschont werden.

Zahnstein- und Amalgamentfernung sind günstig, ebenso das Einsetzen von Plomben, Kronen und Brücken.

Achten Sie auf Salz. Der Körper reagiert jetzt stärker darauf. Beobachten Sie eine Zeit lang Ihre Reaktionen auf Salz und notieren Sie sie. Dann kennen Sie die individuellen Auswirkungen der Erdtage auf Ihren Körper besser.

Reichhaltige Kost schlägt im abnehmenden Mond weniger an. Untergewichtige sollten mehr essen.

Mein Lebensraum

Als Erdtag ist der Steinbocktag ein Wurzeltag. Entsprechend den saisonalen Gegebenheiten bietet er sich zum Säen von Wurzelgemüsen wie Radieschen und Kohlrabi an.

Sammeln Sie jetzt Kräuter gegen Hautkrankheiten, Knochen- und Gelenkbeschwerden.

Lebensmittel

»Eure Lebensmittel sollen Eure Heilmittel und Eure Heilmittel sollen Eure Lebensmittel sein,« sagte Hippokrates von Kos, ein Arzt aus dem 4. Jahrhundert vor Christus.

»Lebensmittel« – das sind Dinge, die unser Leben erst ermöglichen, es erhalten und unterstützen. Lebensmittel sind Dinge, die lebendig sind, natürlich und gut für unsere Gesundheit.

Nicht alles, was wir in den Regalen unserer Supermärkte finden, sind demnach Lebensmittel. Vieles sind bloße Nahrungsmittel: Sie werden in einem durchrationalisierten Arbeitsprozess erzeugt, stammen aus Massentierhaltung oder künstlicher Aufzucht.

Achten wir beim Einkaufen darauf, dass das, was wir kaufen, Lebensmittel sind, wie Hippokrates es fordert: Dinge, die unsere Gesundheit unterstützen oder ihr wenigstens nicht abträglich sind. Solche Lebensmittel sind dann »Heilmittel«, sie halten uns gesund.

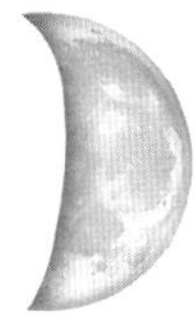

Der Wassermann im zunehmenden Mond

Der Wassermann steht für Kreativität, Originalität, Individualität, Spontanität.

Mein Tag

An Wassermanntagen ist man optimistisch und hat neue, kreative Ideen.

Bei der Werbung, aber auch beim Ideensammeln und Verlassen eingetretener Pfade erfahren Sie jetzt die Unterstützung des Mondes. Prüfen Sie Ihre Vorhaben aber später noch einmal.

An Wassermanntagen steht die leichtere Unterhaltung auf dem Programm: Treffen Sie Freunde oder gehen Sie zu einer Party.

Anspruchsvolle kulturelle Veranstaltungen empfehlen sich weniger.

Nehmen Sie sich Zeit zum Träumen, lassen Sie Ihrer Fantasie freien Lauf.

Der zunehmende Mond bestimmt, was heute im Haushalt leichter von der Hand geht: Das ist das Umräumen in der Wohnung.

Als Lufttage bieten sich die Wassermanntage außerdem an, um ausgiebig zu lüften. Kühlere Luft nimmt mehr Feuchtigkeit auf, lüften Sie im Sommer deshalb in den Morgen- und Abendstunden am längsten.

Mein Körper

Bei zunehmendem Mond ist es günstig, die Haut zu nähren. Sie nimmt die Nährstoffe jetzt besser auf. Zur Unterstützung der Haut empfehlen sich während dieser Mondphase Feuchtigkeitsmasken und aufbauende Kosmetik. Gesichtsmasken zur Straffung der Haut wirken besonders gut.

Eingewachsene Nägel korrigiert man am besten im zunehmenden Mond. Dann wachsen sie fast immer richtig nach.

Empfindlich sind an Wassermanntagen die Unterschenkel und die Venen. Schonen Sie deshalb Ihre Sprunggelenke und vermeiden Sie langes Stehen. Legen Sie auch einmal die Füße hoch.

Das Zähneziehen sollte besser auf einen anderen Tag verschoben werden.

Bei zunehmendem Mond, noch mehr aber bei Vollmond und Neumond, sollten Sie planbare Operationen vermeiden. Einen Sicherheitsabstand von drei Tagen bei Vollmond und einem Tag bei Neumond sollten Sie dabei beachten.

Bauen Sie ihren Körper jetzt, im zunehmenden Mond, auf. Es fällt leichter. Auch Mangelerscheinungen lassen sich einfacher beheben.

Achten Sie auf Fett. Der Körper reagiert jetzt stärker darauf. Beobachten Sie eine Zeit lang Ihre Reaktionen auf Fett und notieren Sie sie. Dann kennen Sie die individuellen Auswirkungen der Lufttage auf Ihren Körper besser.

Bei zunehmendem Mond nimmt der Körper die Nahrung leichter auf. Vor allem Übergewichtige sollten nun weniger essen, denn reichhaltige Kost schlägt stärker an. Wo Mangelerscheinungen vorhanden sind, lassen sie sich im zunehmenden Mond gut ausgleichen.

Mein Lebensraum

Als Blütentage eignen sich die Wassermanntage entsprechend der Jahreszeiten zum Setzen und Säen von Blumen, Kräutern, Rank- und Kletterpflanzen.

Zunehmender Mond ist eine gute Zeit zum Umsetzen und Umtopfen.

Sammeln Sie jetzt Kräuter gegen Venenleiden.

Ringelblume

Die Ringelblume ist Bestandteil der Hildegard von Bingen Heilkunde. Sie wirkt reinigend, zirkulationsanregend und fördert die Heilung von Wunden.

Ihre antiseptischen und adstringierenden Eigenschaften machen die Ringelblume zu einem wirksamen Mittel bei angegriffener und entzündeter Haut, bei Akne, Sonnenbrand, Hautausschlägen und Krampfadern.

Sie ist das Kraut bei jeglicher Art von Hautentzündungen.

Ihre Wirkung für den Anwendungsbereich Krampfadern ist an Wassermanntagen stärker im Vergleich zu anderen Tagen.

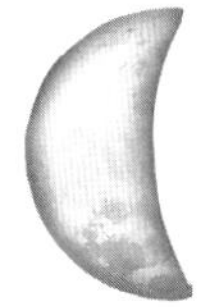

Der Wassermann im abnehmenden Mond

Der Wassermann steht für Kreativität, Originalität, Individualität, Spontanität.

Mein Tag

An Wassermanntagen ist man optimistisch und hat neue, kreative Ideen. Bei der Werbung, aber auch beim Ideensammeln und Verlassen eingetretener Pfade erfahren Sie jetzt die Unterstützung des Mondes. Prüfen Sie Ihre Vorhaben aber später noch einmal.

An Wassermanntagen steht die leichtere Unterhaltung auf dem Programm: Treffen Sie Freunde oder gehen Sie zu einer Party. Anspruchsvolle kulturelle Veranstaltungen empfehlen sich weniger.

Nehmen Sie sich Zeit zum Träumen, lassen Sie Ihrer Fantasie freien Lauf.

Der abnehmende Mond unterstützt bei allen Hausarbeiten. Sie gehen müheloser und erfolgreicher von der Hand. Dies gilt besonders für alles, was mit Reinigen und Putzen zu tun hat. Führen Sie jetzt einen Großputz durch, ganz gleich ob bei Böden, Schuhen oder Fenstern. Ablagerungen und Kalk lassen sich ebenfalls leichter aus Haushaltsgeräten entfernen.

Als Lufttage bieten sich die Wassermanntage außerdem an, um ausgiebig zu lüften. Kühlere Luft nimmt mehr Feuchtigkeit auf, lüften Sie im Sommer deshalb in den Morgen- und Abendstunden am längsten.

Der abnehmende Mond ist günstig für Maler- und Lackierarbeiten. Die Farbe wird gut angenommen und der Anstrich hält viel länger.

Mein Körper

Die Herstellung von Salben und Kosmetik ist jetzt gut. Bei abnehmendem Mond verbinden sich die Inhaltsstoffe leichter.

Die Hautreinigung ist jetzt günstig. Das heißt, Gesichtspackungen und Spezialmasken entfalten eine hervorragende Wirkung.

Operationen sind im abnehmenden Mond günstig, weil es fast keine Narbenbildung gibt. Operationen an den Unterschenkeln und Venen vermeiden Sie jedoch besser. Sie sind heute empfindlich.

Die Zeit des abnehmenden Mondes eignet sich zum Abnehmen und Reinigen des Körpers. Das geht am besten mit Blutreinigungstees, Entwässerungstees und mit klarem Wasser ohne Kohlensäure.

Zahnstein- und Amalgamentfernungen sind günstig, ebenso das Einsetzen von Plomben, Kronen und Brücken. Das Zähneziehen sollte jedoch vermieden werden.

Schonen Sie die Sprunggelenke und vermeiden Sie langes Stehen. Bei Venenentzündungen verschafft Füßehochlegen eine Linderung.

Achten Sie auf Fett. Der Körper reagiert jetzt stärker darauf. Beobachten Sie eine Zeit lang Ihre Reaktionen auf Fett und notieren Sie sie. Dann kennen Sie die individuellen Auswirkungen der Lufttage auf Ihren Körper besser.

Reichhaltige Kost schlägt im abnehmenden Mond weniger an. Untergewichtige sollten mehr essen.

Mein Lebensraum

Als Blütentage eignen sich die Wassermanntage entsprechend der Jahreszeiten zum Setzen und Säen von Blumen und Kräutern, außerdem zum Düngen von Blumen, die nicht recht blühen wollen.

Sammeln Sie jetzt Kräuter gegen Venenleiden.

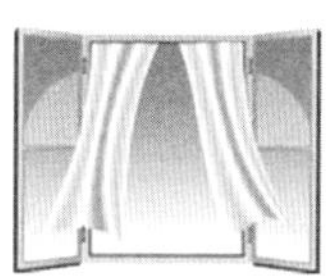

OLEOLUX-Rezept

nach Dr. Johanna Budwig

Zutaten:

125 ml Leinsamenöl, 250 g Kokosfett, 1 mittelgroße Zwiebel, 10 Knoblauchzehen.

Stellen Sie 125 ml Leinsamenöl in das Gefrierfach des Kühlschranks. Schneiden Sie eine mittelgroße Zwiebel in vier Stücke, und erhitzen Sie sie mit 250 g Kokosfett so lange, bis die Zwiebel beginnt, braun zu werden (5 – 8 Minuten). Fügen Sie 10 Knoblauchzehen hinzu und erhitzen Sie das Ganze weiter, bis sich auch die Knoblauchzehen hellbraun färben (ca. 3 – 5 Minuten). Gießen Sie jetzt das Gemisch durch ein Sieb in das mittlerweile kalte Leinsamenöl. Rühren Sie das Fett um, und stellen Sie es sofort wieder in das Gefrierfach. Nach vollständiger Erkaltung stellen Sie es zur Aufbewahrung in den Kühlschrank.

OLEOLUX ist ein sehr schmackhafter Ersatz für tierische Bratfette, sowie gehärtete Fette. Selbst wenn Sie Samenöle zum Braten nehmen, verstärkt die Zugabe einer kleinen Menge OLEOLUX das Aroma Ihres Bratgutes.

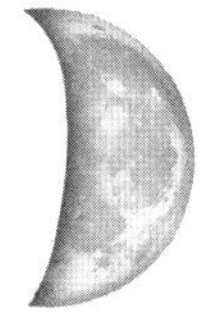

Die Fische im zunehmenden Mond

Die Fische stehen für Einfühlsamkeit, Beschaulichkeit und Hilfsbereitschaft.

Mein Tag

An Fischetagen ist man empfindsamer als sonst. Suchen Sie heute weniger die Außenkontakte, sondern erledigen Sie besser Tätigkeiten im Hintergrund.

Mit dem Abschluss wichtiger Verträge sollte man möglichst noch etwas warten. Dafür ist die Hilfsbereitschaft heute besonders ausgeprägt.

Der Rückzug ins Eigene ist an Fischetagen die passende Form der Entspannung. Vergnügen Sie sich beim Tanzen und Schwimmen. Pflegen Sie Ihren Freundeskreis, aber nur im kleineren Rahmen.

Die Liebe ist an Fischetagen anlehnungsbedürftig und zärtlich.

Bei Aktivitäten im Freien sollte man sich darauf einstellen, dass es an Wassertagen wie heute häufiger regnet oder schneit.

Der zunehmende Mond bestimmt, was heute im Haushalt leichter von der Hand geht: Das ist das Umräumen in der Wohnung.

Fischetage sind immer gute Waschtage, selbst im zunehmenden Mond.

Betten und Matratzen lüften Sie heute besser nicht zu lange: Die Feuchtigkeit bleibt drin. Warten Sie lieber noch bis zu den Widdertagen.

Auch die Maler- und Lackierarbeiten verschieben Sie besser auf einen anderen Tag.

Mein Körper

Bei zunehmendem Mond ist es günstig, die Haut zu nähren. Sie nimmt die Nährstoffe jetzt besser auf. Zur Unterstützung der Haut empfehlen sich während dieser Mondphase Feuchtigkeitsmasken und aufbauende Kosmetik. Gesichtsmasken zur Straffung der Haut wirken besonders gut.

Die Haare werden beim Schneiden an Fischetagen struppig und widerspenstig. Auch beim Waschen kann dieser Effekt auftreten. Zusätzlich besteht die Gefahr der Schuppenbildung.

Alle Maßnahmen zum Aufbau des Körpers sind günstig, Mangelerscheinungen lassen sich besser beheben.

Bei zunehmendem Mond, noch mehr aber bei Vollmond und Neumond, sollten Sie planbare Operationen vermeiden. Einen Sicherheitsabstand von drei Tagen bei Vollmond und einem Tag bei Neumond sollten Sie dabei beachten.

Empfindlich sind an Fischetagen die Füße und die Zehen.

Eingewachsene Nägel korrigiert man am besten im zunehmenden Mond. Dann wachsen sie fast immer richtig nach.

Achten Sie auf Kohlenhydrate. Der Körper reagiert jetzt stärker darauf. Beobachten Sie eine Zeit lang Ihre Reaktionen auf Kohlenhydrate und notieren Sie sie. Dann kennen Sie die individuellen Auswirkungen der Wassertage auf Ihren Körper besser.

Bei zunehmendem Mond nimmt der Körper die Nahrung

leichter auf. Vor allem Übergewichtige sollten nun weniger essen, denn reichhaltige Kost schlägt stärker an. Wo Mangelerscheinungen vorhanden sind, lassen sie sich im zunehmenden Mond gut ausgleichen.

An Fischetagen ist der Körper empfänglicher für alles, was ihm geboten wird. Dosieren Sie Alkohol, Kaffee, Nikotin und Medikamente entsprechend maßvoll.

Mein Lebensraum

Fischetage sind Wassertage und damit zugleich Blatttage. Sie eignen sich entsprechend der Jahreszeit zum Setzen und Säen von Blattgemüse wie Spinat, Mangold und Lauch.

Gießen und sparsames Düngen führen in dieser Mondphase zu einem schönen Pflanzenwachstum.

Sammeln Sie Kräuter zur Unterstützung Ihrer Füße.

Veilchen

Das Veilchen ist Bestandteil der Hildegard von Bingen Heilkunde. Viele Kräfte werden ihm zugeschrieben: Es soll gegen Kopfschmerzen helfen, das Einschlafen beschleunigen und Ärger besänftigen.

Es wird bei verschiedenen Hautkrankheiten eingesetzt und soll bei blauen Flecken helfen.

Der Wirkungsbereich des Veilchen ist zu umfassend, um hier alles aufzuzählen zu können.

Seine Wirkung für Hautprobleme und Quetschungen im Fußbereich ist an Fischetagen stärker im Vergleich zu anderen Tagen.

Die Fische im abnehmenden Mond

Die Fische stehen für Einfühlsamkeit, Beschaulichkeit und Hilfsbereitschaft.

Mein Tag

An Fischetagen ist man empfindsamer als sonst. Suchen Sie heute weniger die Außenkontakte, sondern erledigen Sie besser Tätigkeiten im Hintergrund.

Mit dem Abschluss wichtiger Verträge sollte man möglichst noch etwas warten. Dafür ist die Hilfsbereitschaft heute besonders ausgeprägt.

Der Rückzug ins Eigene ist an Fischetagen die passende Form der Entspannung. Vergnügen Sie sich beim Tanzen und Schwimmen. Pflegen Sie Ihren Freundeskreis, aber nur im kleineren Rahmen.

Die Liebe ist an Fischetagen anlehnungsbedürftig und zärtlich.

Bei Aktivitäten im Freien sollte man sich darauf einstellen, dass es an Wassertagen wie heute häufiger regnet oder schneit.

Der abnehmende Mond unterstützt bei allen Hausarbeiten. Sie gehen müheloser und erfolgreicher von der Hand. Dies gilt besonders für alles, was mit Reinigen und Putzen zu tun hat. Führen Sie jetzt einen Großputz durch, ganz gleich ob bei Böden, Schuhen oder Fenstern. Ablagerungen und Kalk lassen

sich ebenfalls leichter aus Haushaltsgeräten entfernen.

Das Wäschewaschen liefert heute besonders gute Ergebnisse. Der abnehmende Mond sorgt dafür, dass Sie weniger Waschmittel benötigen. Besonders hartnäckige Flecken beseitigen sie heute am ehesten.

Betten und Matratzen lüften Sie heute besser nicht zu lange: Die Feuchtigkeit bleibt drin. Warten Sie lieber noch bis zu den Widdertagen.

Maler- und Lackierarbeiten führen an Fischetagen selten zu guten Ergebnissen, auch nicht im abnehmenden Mond.

Mein Körper

Die Herstellung von Salben und Kosmetik ist jetzt gut. Bei abnehmendem Mond verbinden sich die Inhaltsstoffe leichter.

Die Zeit des abnehmenden Mondes eignet sich zum Abnehmen und Reinigen des Körpers. Das geht am besten mit Blutreinigungstees, Entwässerungstees und mit klarem Wasser ohne Kohlensäure.

Die Haare werden beim Schneiden an Fischetagen struppig und widerspenstig. Auch beim Waschen kann dieser Effekt auftreten. Zusätzlich besteht die Gefahr der Schuppenbildung.

Operationen sind im abnehmenden Mond günstig, weil es fast keine Narbenbildung gibt. Operationen an den Füßen und Zehen vermeiden Sie jedoch besser. Sie sind heute empfindlicher als üblich.

Zahnstein- und Amalgamentfernungen sind günstig, ebenso das Einsetzen von Plomben, Kronen und Brücken.

Achten Sie auf Kohlenhydrate. Der Körper reagiert jetzt stärker darauf. Beobachten Sie eine Zeit lang Ihre Reaktionen auf Kohlenhydrate und notieren Sie sie. Dann kennen Sie die individuellen Auswirkungen der Wassertage auf Ihren Körper besser.

Reichhaltige Kost schlägt im abnehmenden Mond weniger an. Untergewichtige sollten mehr essen.

An Fischetagen ist der Körper empfänglicher für alles, was ihm geboten wird. Dosieren Sie Alkohol, Kaffee, Nikotin und Medikamente entsprechend maßvoll.

Mein Lebensraum

Fischetage sind Wassertage und damit zugleich Blatttage. Sie eignen sich entsprechend der Jahreszeit zum Setzen und Säen von Blattgemüse wie Spinat, Mangold und Lauch.

Gießen und Düngen führen in dieser Mondphase zu einem schönen Pflanzenwachstum.

Sammeln Sie Kräuter zur Unterstützung Ihrer Füße.

Verzeichnis der Informationskästen

Literaturverzeichnis

von Au, Franziska: Der große Aussaat Kalender, München 1996

Graf, Claudia: Gärtnern mit dem Mond, München 1994

Hürlimann, Gertrud I.: Astrologie, Zürich 1994

Paungger, Johanna/Poppe, Thomas: Vom richtigen Zeitpunkt, München 1991

Paungger, Johanna/Poppe, Thomas: Das Mondlexikon vom richtigen Zeitpunkt, München 2002

Römer, Michael: Leichter leben mit dem Mondrhythmus, Fellbach 2007

Römer, Michael: ROMANUS Mondkalender, Remshalden 2010

Beeler, Lucy u. Walter: Heilkraft mit der Stein verschafft, Prana Praktika Verlag 1993

Schreiber, Gisela: Lexikon der Heilsteine, Südwestverlag 2001

Gottfried Hertzka, Wighard Strehlow: Große Hildegard-Apotheke, Christiana Verlag 2009

Bund der Freunde Hildegards/Posch: Kleines Hildegard-Lexikon, St. Hildegard- Posch 2006

Pregenzer, Brigitte/Schmidle, Brigitte: Hildegard von Bingen. Einfach Kochen, Tyrolia 2008

Budwig, Johanna: Öl-Eiweiss-Kost, Sensei Verlag 2005

Bildverzeichnis

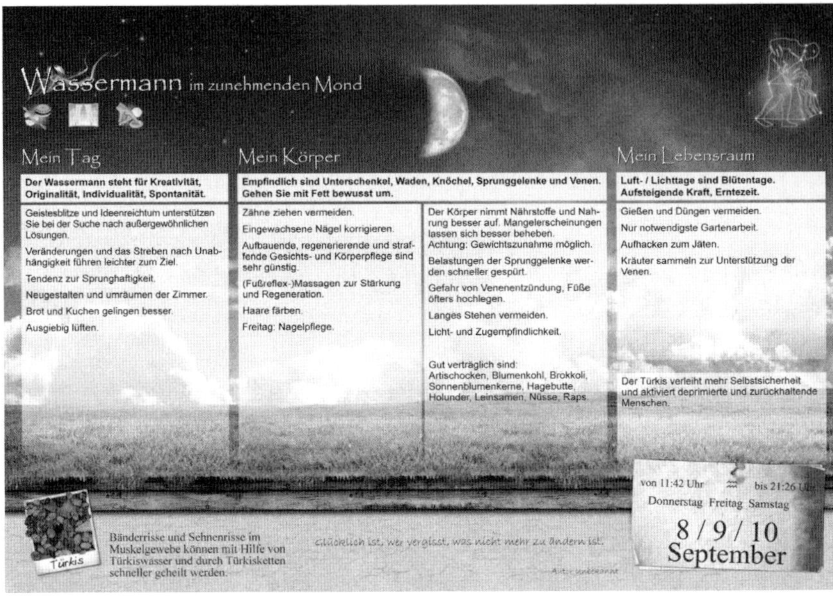

Wassermann im zunehmenden Mond

Mein Tag

Der Wassermann steht für Kreativität, Originalität, Individualität, Spontanität.

Geistesblitze und Ideenreichtum unterstützen Sie bei der Suche nach außergewöhnlichen Lösungen.

Veränderungen und das Streben nach Unabhängigkeit führen leichter zum Ziel.

Tendenz zur Sprunghaftigkeit.

Neugestalten und umräumen der Zimmer.

Brot und Kuchen gelingen besser.

Ausgiebig lüften.

Mein Körper

Empfindlich sind Unterschenkel, Waden, Knöchel, Sprunggelenke und Venen. Gehen Sie mit Fett bewusst um.

Zähne ziehen vermeiden.

Eingewachsene Nägel korrigieren.

Aufbauende, regenerierende und straffende Gesichts- und Körperpflege sind sehr günstig.

(Fußreflex-)Massagen zur Stärkung und Regeneration.

Haare färben.

Freitag: Nagelpflege.

Der Körper nimmt Nährstoffe und Nahrung besser auf. Mangelerscheinungen lassen sich besser beheben.
Achtung: Gewichtszunahme möglich.

Belastungen der Sprunggelenke werden schneller gespürt.

Gefahr von Venenentzündung, Füße öfters hochlegen.

Langes Stehen vermeiden.

Licht- und Zugempfindlichkeit.

Gut verträglich sind:
Artischocken, Blumenkohl, Brokkoli, Sonnenblumenkerne, Hagebutte, Holunder, Leinsamen, Nüsse, Raps.

Mein Lebensraum

Luft- / Lichttage sind Blütentage. Aufsteigende Kraft, Erntezeit.

Gießen und Düngen vermeiden.

Nur notwendigste Gartenarbeit.

Aufhacken zum Jäten.

Kräuter sammeln zur Unterstützung der Venen.

Der Türkis verleiht mehr Selbstsicherheit und aktiviert deprimierte und zurückhaltende Menschen.

Türkis

Bänderrisse und Sehnenrisse im Muskelgewebe können mit Hilfe von Türkiswasser und durch Türkisketten schneller geheilt werden.

Glücklich ist, wer vergisst, was nicht mehr zu ändern ist.
Autor unbekannt

von 11:42 Uhr ♒ bis 21:26 Uhr
Donnerstag Freitag Samstag
8 / 9 / 10
September

ROMANUS® Mondkalender – Beispiele

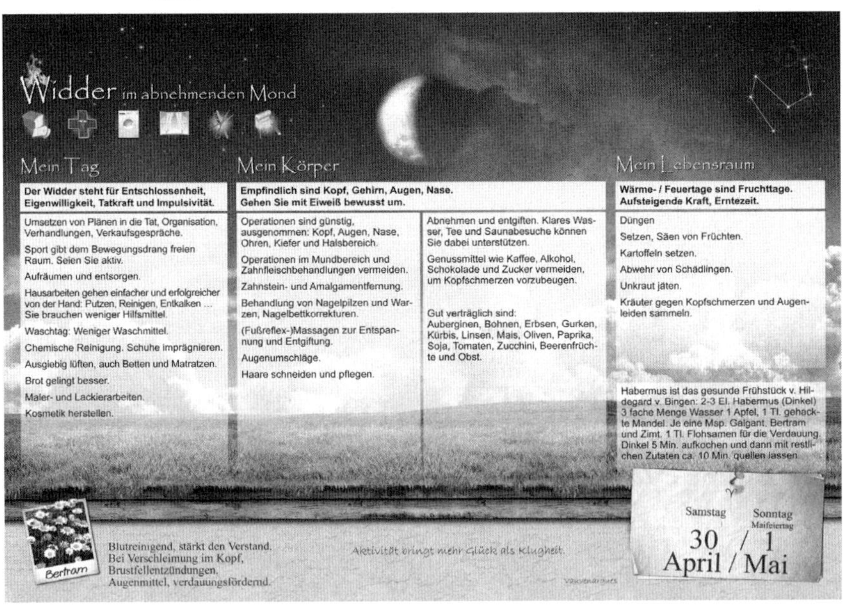

Widder im abnehmenden Mond

Mein Tag

Der Widder steht für Entschlossenheit, Eigenwilligkeit, Tatkraft und Impulsivität.

Umsetzen von Plänen in die Tat, Organisation, Verhandlungen, Verkaufsgespräche.

Sport gibt dem Bewegungsdrang freien Raum. Seien Sie aktiv.

Aufräumen und entsorgen.

Hausarbeiten gehen einfacher und erfolgreicher von der Hand: Putzen, Reinigen, Entkalken … Sie brauchen weniger Hilfsmittel.

Waschtag: Weniger Waschmittel.

Chemische Reinigung. Schuhe imprägnieren.

Ausgiebig lüften, auch Betten und Matratzen.

Brot gelingt besser.

Maler- und Lackierarbeiten.

Kosmetik herstellen.

Mein Körper

Empfindlich sind Kopf, Gehirn, Augen, Nase. Gehen Sie mit Eiweiß bewusst um.

Operationen sind günstig, ausgenommen: Kopf, Augen, Nase, Ohren, Kiefer und Halsbereich.

Operationen im Mundbereich und Zahnfleischbehandlungen vermeiden.

Zahnstein- und Amalgamentfernung.

Behandlung von Nagelpilzen und Warzen, Nagelbettkorrekturen.

(Fußreflex-)Massagen zur Entspannung und Entgiftung.

Augenumschläge.

Haare schneiden und pflegen.

Abnehmen und entgiften. Klares Wasser, Tee und Saunabesuche können Sie dabei unterstützen.

Genussmittel wie Kaffee, Alkohol, Schokolade und Zucker vermeiden, um Kopfschmerzen vorzubeugen.

Gut verträglich sind:
Auberginen, Bohnen, Erbsen, Gurken, Kürbis, Linsen, Mais, Oliven, Paprika, Soja, Tomaten, Zucchini, Beerenfrüchte und Obst.

Mein Lebensraum

Wärme- / Feuertage sind Fruchttage. Aufsteigende Kraft, Erntezeit.

Düngen

Setzen, Säen von Früchten.

Kartoffeln setzen.

Abwehr von Schädlingen.

Unkraut jäten.

Kräuter gegen Kopfschmerzen und Augenleiden sammeln.

Habermus ist das gesunde Frühstück v. Hildegard v. Bingen: 2-3 El. Habermus (Dinkel) 3 fache Menge Wasser 1 Apfel, 1 Tl. gehackte Mandel. Je eine Msp. Galgant, Bertram und Zimt, 1 Tl. Flohsamen für die Verdauung. Dinkel 5 Min. aufkochen und dann mit restlichen Zutaten ca. 10 Min. quellen lassen.

Bertram

Blutreinigend, stärkt den Verstand. Bei Verschleimung im Kopf, Brustfellentzündungen, Augenmittel, verdauungsfördernd.

Aktivität bringt mehr Glück als Klugheit.
Vauvenargues

♈
Samstag / Sonntag (Maifeiertag)
30 / 1
April / Mai

Die ROMANUS-Mondkalender erhalten Sie als A4 Wandkalender mit Langloch oder A5 Taschen-/Tischkalender mit Aufsteller.
www.romanus-mondkalender.de